AF452015

G 589.
E. 3.

10957

SUR
QUELQUES CONTRÉES
DE L'EUROPE.

TOME PREMIER.

SUR

QUELQUES CONTRÉES

DE L'EUROPE,

O U

LETTRES

DU CHEVALIER DE ***,

A MADAME LA COMTESSE DE ***.

Quiconque ne voit guère
N'a guère à dire aussi.
La Font. Fable des deux Pigeons.

TOME PREMIER.

A LONDRES.

1788.

SUR QUELQUES CONTRÉES

DE L'EUROPE.

LETTRE PREMIERE.

*De Madame de ***, au Chevalier de ***.*

Vous voilà donc dans une véritable Thébaïde, éloigné de vos amis, privé de tous les agrémens de la vie; n'ayant pour société que des espèces de Sarmates, dont vous n'entendez guère la langue, et qui parlent encore moins la vôtre. Ce n'est pas une raison de vous lamenter comme Ovide, qui n'avoit pas autant de philosophie que d'esprit ; mais c'est le cas d'imiter cet ancien, qui n'étoit jamais moins seul que quand il étoit seul, ni plus occupé qu'au moment où il sembloit n'avoir rien à faire, et où la patrie l'avoit rendu à la retraite et au repos ; c'est le moment d'éprouver le secours des belles-lettres, et de vous environner des enchantemens d'Armide. Est-ce donc à moi à vous rappeller que, si tout manque tôt ou tard à qui n'a point de ressource dans soi-même, rien ne peut manquer dans aucune circonstance à qui porte tout avec soi ? Le *moi* de Corneille, ce *moi* si beau qui restoit seul à Médée, est encore plus beau dans la bouche du sage, parce qu'il est plus vrai.

Voulez-vous changer des jours de langueur et de privation, dans des jours de jouissance et de plaisir ? voulez-vous donner des ailes rapides à ce temps dont vous sentez le fardeau ? je dirai plus encore : voulez-vous regretter un jour ces mêmes lieux , où vous vous regardez comme en exil ? Remplissez vos engagemens ; faites un tableau d'histoire de cette miniature , échappée il y a quelques années à votre paresse ; peignez à grands traits cette belle moitié de l'Europe , où la flatterie ne manqueroit pas d'assurer que vous avez voyagé comme Solon ; mais où je vous dirai , sans flatterie , que je voudrois bien voyager avec vous.

C'est donc pour votre intérêt , autant que pour le mien , que je réclame aujourd'hui l'exécution de vos promesses. Je vous connois , vous avez une ame de feu ; vous croirez voir encore ces objets dont vous allez être forcé de vous occuper ; votre ardente imagination vous les rendra présens. Elle vous apparoîtra , l'ombre de Rome antique ; vous l'interrogerez à quatre cents lieues des ruines où elle repose. Cinq à six grands peuples se rassembleront sous vos yeux, dans l'enceinte de votre parc; et vous escaladerez le Vésuve et le Mont-Blanc, sans sortir de votre cabinet.

Ce n'est pas vous assurément qui auriez pu me proposer, et c'est encore moins vous qui pourriez faire de froides descriptions de voyage. Assez d'autres, dit Montagne, ont pris le soin puéril et fastidieux de *mesurer combien de pieds a la Santa-Rotonda ;* trop d'arpenteurs les suivront encore ; laissez-leur la toise et le compas : et vous, parlez-moi du Français, de cette jolie nation, qui s'essaie à penser après quatorze ou quinze siècles d'enfance, et qui doit étonner par sa longue durée ; s'il en est de la vie des nations comme de celle des individus, dont la Nature a proportionné la durée à celle de leur croissance. Jetez un coup-d'œil rapide sur cet Espagnol si fier, avec quelques raisons de l'être un peu moins ; sur votre île de Malthe, que j'aimois avant qu'un homme célèbre l'eût défigurée dans ma pensée ; sur la Sicile, à laquelle du moins il reste ses antiquités ; sur cette belle Italie, qui n'est plus que l'esclave des nations dont elle fut la maîtresse ; sur ces Alpes sourcilleuses, qui, toutes les fois qu'on m'en parle, semblent élever mon ame à leur hauteur ; enfin, sur l'Angleterre et la Hollande, dont la première vit sortir la liberté du désordre où la seconde va perdre la sienne.

Vous me disiez un jour que nous devons à cette liberté précieuse le trop petit nombre de bons écrits qui honorent l'esprit humain : je vous répondis que je regardois cette juste observation de votre part, comme une assurance que la liberté de penser distingueroit toujours les vôtres. Songez que ma passion pour elle me rend digne de toute votre confiance, et que s'il m'étoit possible de vous trahir, ce ne

A 3

seroit pas assurément en faveur des tyrans de nos pensées, et des vils suppôts
du pouvoir arbitraire.

Encore un mot, et je finis. Je lisois
ce matin dans Montagne : *La sentence
pressée au pied nombreux de la poésie,
élance mon ame d'une plus vive secousse;*
et je lisois cela dans mon petit hermi-
tage que vous aimez tant. Voici une
pensée qui me vient à l'appui de celle de
Montagne. Je me flatte que vous vous
promenez quelquefois en imagination sur
cette belle pelouse qui a remplacé ce par-
terre si froid, et cette nombreuse famille
de marmousets de plâtre, si dignes de lui
servir d'ornemens. Voyez, je vous prie,
combien de jolis tableaux elle offre actuellement au dessinateur, cette autre
famille d'arbres de tous les climats,
étonnés de se voir réunis sur le même
sol. Eh bien ! je me trompe fort ; où
quelques morceaux de poésie, jetés çà
et là sans prétention, et avec l'aimable

négligence du genre, seroient à votre prose, ce que sont à ma pelouse ces jolis grouppes, qui tranchent sur la verdure et en coupent la monotonie.

Froids prosateurs qui insultez à la poésie, taisez-vous ; ou, pour mieux dire, *vous ne pouvez y atteindre, vengez-vous par en médire.* C'est encore mon ami Montagne qui dit cela ; ce Montagne, dont on pourroit dire qu'il portoit des vérités, comme madame de la Sablière disoit du bon La Fontaine, qu'il portoit des fables.

LETTRE II.

*Du Chevalier de ***, à Madame de ***.*

JE reçois votre lettre, et me voilà rendu à moi-même : je la relirai tous les matins, pour être assuré du bon emploi de ma journée; elle restera sur mon bureau, comme un talisman éprouvé contre la langueur et le découragement. Oui, mon aimable Armide, vous serez encore mon seul enchantement, loin de vous. Quelle différence de votre magie douce et bienfaisante, à celle des Armides anciennes et modernes ! Votre empire est celui de la vertu même; vous n'usez de vos droits, sur moi, que pour m'arracher à l'oisiveté qui commençoit à flétrir mon ame, et pour me dérober à l'ennui le plus foible des ressorts du monde moral, quoiqu’en ait pu dire un célèbre philosophe. Je vois que je n’ai qu’un moyen pour mériter de vous plaire toujours ; c’est d’être toujours heureux, je le serai : je vais m’occuper de vous.

Encore un voyageur , ne manque-roit-on pas de s’écrier , si mes lettres devenoient publiques ! encore un faiseur de livres faits ! On se tromperoit, je crois, dans ce jugement précipité : je n’ai pas la prétention de faire mieux que ceux qui m’ont précédé , mais de faire autrement. Bonnes ou mauvaises, mes lettres seront à moi ; je l’espère du moins, et ce n’est pas me flatter de peu de chose ; car, si, après les avoir lues, vous en cherchiez le modèle sans pouvoir le trouver, elles auroient un genre de mérite qui ne fut commun dans aucun siècle, et qui semble devenir plus rare de jour en jour.

Mon amie n’avoit pas besoin de me

recommander d'être *moi* avec un autre moi-même; et à l'ami de la vérité, de la dire sans détour. Quoi ! je penserois en homme et j'écrirois en esclave ! Loin de moi cette lâche et détestable hypocrisie ! Ah ! sous le joug même de l'inquisition la plus rigoureuse, sous le sabre d'un visir , il me seroit impossible de mentir à mon cœur , d'encenser des fables et de flatter la tyrannie; ma plume conserveroit encore toute la liberté de ma pensée. Trop d'écrivains, en lisières, perdent le temps à faire gémir la presse, surveillée comme eux par l'autorité dont elle est l'effroi ; ils ne savent pas que dans un pays souillé par les abus du pouvoir arbitraire, il faut ou garder le silence; ou, si l'on parle, conserver la noble franchise de son ame et la fierté de son caractère; ils ne savent pas qu'on ne doit être retenu par aucune de ces petites considérations locales et fugitives, qui s'opposent à l'élan du génie et aux progrès de la vérité. Voilà le premier devoir imposé à tout homme, qui prend la plume pour parler aux hommes, et le mien plus strictement encore, puisque je ne la prends que pour vous : je vous obéirai donc sans réserve. Mœurs, usages, coutumes, les cultes qu'ils professent, les préjugés qui les dominent, le despotisme qui les écrase, la sagesse ou l'absurdité des loix qui les gouvernent ; enfin, tout ce que j'ai vu, ou cru voir, chez les peuples que j'ai visités, sera mis sous vos yeux, sans voile, sans déguisement, avec la candeur que vous devez me connoître. Peut-être n'atteindrai-je pas entierement le but que je me propose ; peut-être la manière dont je vous présenterai cette bigarrure civile, politique et religieuse, vous paroîtra-t-elle moins neuve que bizarre, et plus singulière qu'originale ; mais toujours en résultera-t-il, pour un esprit aussi bien fait que le vôtre, qu'en

agitant dans le crible du philosophe tant
de choses qui passent pour incontesta-
bles, il n'y reste que le très-petit nombre
des loix de la nature et de la raison pri-
mitive : il résultera qu'il n'y a rien de
vraiment respectable sur la terre, que
cette morale de tous les pays et de tous
les temps, qui, de Confucius à Marc-
Aurèle, et de Marc-Aurèle à son éloquent panégyriste, s'est conservée inal-
térable et pure, à travers les erreurs
des hommes et les révolutions des
empires.

Quelle tâche vous m'imposez, en me
demandant des vers ! Des vers dans un
voyage philosophique ! comment fondre
heureusement, comment assortir, avec
goût, des couleurs si tranchantes, pour
ne pas dire si disparates ? comment
changer perpétuellement de ton, sans
nuire à l'harmonie de l'ensemble ?

Passer du grave au doux, du plaisant au sévère,

est, de tous les secrets de l'art,

le plus grand peut-être ; et voilà ce que
vous exigez de moi, de moi, dont le
seul art est de n'en mettre à rien ; et puis,
encore des songes quand l'heure du
réveil a sonné ! encore d'aimables folies
quand la seule raison devroit me paroître
aimable ! à mon âge, enfin, des volumes
de vers, brillante production qu'il ne
faudroit attendre que du printemps de
la vie ! Sans doute, il me seroit permis
de vous représenter que, loin déjà de
la saison des fleurs, je devrois me borner
modestement à vous offrir quelques fruits
de mon automne : je le devrois sans
doute ; mais où est-il, celui qui agit
toujours conséquemment ? Qui de nous
a le juste sentiment de ses forces ? Je
ne suis pas cet homme-là. Ce que l'a-
mitié veut me paroît toujours possible ;
et je vais vous prouver, à l'instant
même ; que vos moindres desirs sont
des loix pour moi.

Je n'invoquerai point Bachaumont & Chapelle ;

Ce couple libertin, qui chantoit tour-à-tour,
  Entre Bacchus, la Paresse & l'Amour,
  Ce joli rien, aimable bagatelle,
  Que tant d'échos citent comme un modéle,
Et qui n'est pas le mien; je le dis sans détour.
Eh! pourquoi m'en cacher? mon but n'est pas de plaire
  A cette foule inconstante et légère,
Qui soutient qu'avant tout il faut être amusant;
Du plus grave sujet fait partir la saillie,
Et jette sans pudeur, un jeu de mots plaisant
  Sur les chef-d'œuvres du génie.
Idoles de mon cœur, beaux-arts, muses, amours,
Esprit, bon goût, raison, saine philosophie,
O charmes ravissans de mon auguste amie!
Embellissez mes vers, ainsi que ses beaux jours.
Faites qu'à mes écrits elle daigne sourire,
Et qu'elle y pense encore après les avoir lus.
  Le temps est trop cher pour écrire
Ces riens, qu'on lit à peine, & qu'on ne revoit plus.

Votre ami Montagne, dans ses réflexions sur la manière de voyager, ajoute au trait que vous m'avez cité sur la Rotonda, un conseil négligé par trop de voyageurs : *Que vous importe*, dit-il, *que le visage de*

Néron, de quelques ruines de-là, soit plus long ou plus large que celui de quelque médaille pareille ? L'important est de limer et frotter votre cervelle contre celle d'autrui. Combien la mienne avoit besoin d'être limée et frottée ! Encore dans la fraîcheur de la vie, et presque dans l'innocence du premier âge, le champ paternel étoit pour moi les bornes de la terre connue. J'avois été élevé dans toute la simplicité de la nature. Plein de la lecture de Platon et de Thomas Morus, je m'étois forgé des chimères de perfection, dont on ne trouve le modèle ni dans les autres, ni dans soi-même; mon cœur se serroit à la seule pensée de ce qu'on appelle *caravanes*, dont l'objet, comme vous savez, est d'écumer la mer des écumeurs de mer. Tel est donc, me disois-je, le triste arrangement des choses d'ici-bas ! Pour servir les hommes en Europe, il faut que je contribue à faire des es-

claves en Afrique. Je longeois d'avance
les côtes de Barbarie, et je partois de
ces réceptacles affreux, pour me représenter le monde comme un vaste repaire
de brigands. A ces écarts d'une imagination ardente et romanesque, se joignoient des sentimens d'un autre genre,
et les regrets les plus touchans.

> Toi, qui plus fraîche que ton lait,
> Ou le bouton naissant que le zéphyr caresse,
> De tes quinze ans, parés d'un simple bavolet,
> Offrois à mes seize ans la fleur enchanteresse;
> Hébé de mon hameau, Jeannette, à qui je dus
> Et mon premier desir & ma première ivresse;
> Jeannette, hélas ! ne nous verrions-nous plus ?
> Ne nous verrions-nous plus ! Ce mot sensible & tendre,
> Il m'en souvient, Jeannette, avec quelle douceur
> De ta bouche de rose il passa dans mon cœur !
> Après trente printemps, je crois encor l'entendre.

Comme ils sont aimables, les souvenirs
des premières impressions de l'amour !
de quel délicieux mélange ils se composent ! quelle douce nuance de printemps

temps ils réfléchissent sur notre automne!
Ainsi le soir de la vie s'embellit de l'éclat
de son matin. O nature! tous les torts,
toutes les erreurs qu'on te reproche,
je te pardonne tout, en faveur de cette
faculté brillante, qui fait, que je crois
jouir encore de ce qui n'est plus, de
ce qui ne sera plus pour moi! Où est-il,
l'heureux du siècle ? où est-il, l'homme,
devenu, pour les autres, un objet d'envie,
ou d'admiration, qui ne donnât tout ce
qu'il est, pour ce que j'étois auprès de
Jeannette ? O Jeannette ! quand de ta
fenêtre à la mienne, et malgré ce maudit
figuier, dont j'avois grand soin pourtant
d'éclaircir le feuillage, tu me faisois de
si jolies petites mines; quand j'allois
te guetter, dans le sentier de la fontaine,
et que tu m'y présentois ta cruche, avec la
grace et l'innocence de Rébecca; quand
nous folâtrions ensemble, dans la grande
prairie du vieux château, derrière cette
forte haie d'épines blanches, qui nous

tacha, si souvent, à ta mére, qui t'auroit battue, et à mon précepteur, qui vouloit être le tien ; qui m'auroit dit que je te quitterois pour un philosophe ? Qui m'auroit dit que je passerois de Jeannette à Descartes, malgré l'intervalle qui les sépare ? Je crains bien, madame, que le saut ne vous paroisse un peu trop brusque ; mais ce n'est pas ma faute, si la grande prairie du vieux château est si voisine du berceau de Descartes : et puis ; n'est-il pas assez naturel de se reposer, sous un beau cèdre du Liban, après avoir cueilli l'humble violette, qui croît sous son ombrage ?

On a dit que d'Aristote à Descartes il n'y a rien ; et à la honte de l'esprit humain, on a dit vrai.

Du sage de Stagire à celui de Touraine,
Vingt siècles, entassés sur ce triste univers,
Accusent la lenteur de la nature humaine ;
C'est un chaos d'erreurs, de préjugés divers ;
C'est une nuit profonde, où de pâles éclairs

Luisent par intervalle ; on les remarque à peine.

O bavares en fourrures ! enfans du sombre ennui ;

Des superstitions, de la crasse ignorance,

Vils tyrans, qui teniez l'univers en enfance,

Fuyez ; Descartes naît, et le doute avec lui :

La méthode le suit, la vérité s'avance.

Sur une base enfin j'apperçois l'évidence ;

Descartes l'y plaça. Cieux, terres, élémens,

Et la matière et l'ame, et l'espace et le temps,

Descartes soumet tout à son puissant génie ;

Tout s'épure au creuset de la philosophie.

Du centre de la terre à la voûte des cieux,

Rien ne peut arrêter cet aigle audacieux :

Il franchit la nature. Ainsi, les dieux d'Homère,

Touchent, en un clin d'œil, l'un et l'autre hémisphère.

Descartes s'égara dans ce vaste contour ;

On l'a dit, je le sais ; mais dans son vol sublime,

Il a mis un fanal sur les bords de l'abyme ;

Il a guidé Newton, qui nous guide à son tour.

J'ai lu que l'envie, qui troubla les jours de Descartes, en avoit avancé la fin ; et que des grammairiens de Stockholm avoient empoisonné le favori de Christine. Ce crime de l'envie n'est pas prouvé ; et, malheureusement, on n'a pas besoin de lui en supposer. Celui que commit Henri III, dans la personne du duc de Guise, est rappellé à tous les voyageurs, qui passent à Blois. On y montre, comme une curiosité, la place, où fut poignardé, par les ordres, et sous les yeux de son roi, ce prince factieux et brillant, auprès duquel la maréchale de Retz disoit, que les autres princes de l'Europe paroissoient peuple. Non loin de là, il fallut bien descendre dans un cachot, où le prévôt Tristan, à la fois témoin, juge et bourreau, immola tant de victimes au despotisme et aux vengeances de Louis XI. La statue de ce premier roi très-chrétien est à Cléri, dans l'église de Notre - Dame, dont vous savez qu'il portoit l'image en plomb, pendue à son bonnet ; et à laquelle vous savez encore qu'il s'a-dressoit, pour en obtenir à la fois, et la permission de répandre le sang, et le pardon de l'avoir répandu. Le voilà donc ce scélérat couronné , dont Philippe de Commines disoit , qu'à tout prendre , il fut encore le meilleur des souverains de son siècle ! Le meilleur ? lui ! ce tigre superstitieux , qui , le même jour qu'il achetoit le comté de Boulogne à la Vierge , empoisonnoit son frère , par les mains de son confesseur ! qui fit périr plus de quatre mille de ses sujets sous le fer des bourreaux ! qui fut le premier des bourreaux , lui-même , en inventant de nouvelles manières de tourmenter les hommes , en imaginant ces cages de fer , qu'on appella les *fillettes* de Louis XI ! qui , d'un endroit, où il ne pouvoit être apperçu , se plaisoit à voir , à entendre briser les os de ceux , qu'il condamnoit à la torture , avant de les envoyer à la mort ! et les contemporains de ce monstre ne valoient pas mieux que lui!....

Jours ténébreux , siècles d'horreur ,
Non , vous n'êtes qu'un assemblage ,

Un chaos informe et sauvage,
Et de barbarie, et d'erreur.
Non, jamais le peuple timide,
Cet esclave de tous les temps,
N'avoit courbé, sous ses tyrans,
Un front plus lâche et plus stupide.
Vous pensiez à ce vil troupeau,
A sa foiblesse, à sa démence,
Beau génie, immortel Rousseau,
Lorsque votre mâle éloquence
Nous offroit l'homme à son berceau;
Quand, au creuset de l'évidence,
Vous décomposiez l'existence
De l'homme, enchaîné par des loix;
Et qu'au libre habitant des bois
Vous accordiez la préférence.
Ils ont des ennemis tous deux;
Mais le sauvage vigoureux
N'en connoît aucun qui l'étonne;
S'il reçoit la mort, il la donne.
Les lions sont moins dangereux
Dans les forêts que sur le trône.

LETTRE III.

En passant à Tours et à Blois, où se sont tenus quelques états-généraux, le Français, le plus superficiellement instruit de l'ennuyeuse histoire de son pays, devroit faire quelques réflexions sur ce qu'il est, et sur ce qu'il pourroit être ; si l'habitude de vivre sous un gouvernement absolu ; si l'insouciance, où l'on y vit, sur les grands objets de l'administration, ne les lui avoit pas rendus tout-à-fait étrangers. Quant à moi, je me rappellai douloureusement que nos pères étoient, il y a cinq cents ans, sur la voie qui a conduit les Anglois, au point de grandeur et de puissance, où ils sont parvenus ; je me rappellai, qu'avant Charles VII (1), *qui gagna*, dit

____

(1) Ce Charles VII, dont tout ce qu'on peut dire de mieux, avec la Hire, c'est qu'on ne pouvoit perdre

Commines, *et commença ce point, qui est d'imposition de tailles à son plaisir,* elles ne pouvoient être levées que du consentement des états-généraux ; et qu'au commencement du quatorzième siècle, la même grande assemblée nationale régla les subsides, fixa leur nature, en détermina la durée. On put donc se flatter un moment, en France, que le pouvoir d'imposer appartiendroit à la nation : pouvoir, qui est le premier de tous ; puisqu'il tient tous les autres dans sa dépendance. Pourquoi donc cette

---

un royaume plus gaiement ; pour qui l'aveugle fortune fit deux miracles, en lui donnant **Agnès Sorel** pour maîtreffe, et Jeanne d'Arc pour général ; qui corrompit les grands de l'état, en achetant d'eux la coupable facilité de lever des impôts arbitraires ; qui crut remédier à de grandes déprédations d'argent, par des brigandages de monnoie ; ce **Charles VII**, dont je déteste la mémoire, parce qu'il porta le coup mortel à nos libertés, en établiffant et en soudoyant des troupes réglées ; ce prince, dit toujours Philippe de Commines, *chargea fort fon ame et celle de ses successeurs, et mit une cruelle plaie sur son royaume, qui longuement faignera.*

prodigieuse différence, dans les effets et le résultat de la grande chartre d'Angleterre, et de celle que les états-généraux de France firent signer au roi Jean ? pourquoi le pouvoir d'accorder, ou de refuser des subsides, a-t-il été, pour les Anglois, le rempart inébranlable de leur liberté ; et s'appuyoit-il en France sur une base, que le moindre souffle devoit renverser ? pourquoi ? C'est que le bien doit presque toujours sa naissance à l'excès du mal ; c'est que la liberté naquit en Angleterre de l'effroyable esclavage, où Guillaume-le-conquérant l'avoit réduite ; c'est que ce terrible despote avoit dit aux Anglois : Vos loix me gênent ; je les anéantis ; je vous anéantis vous-mêmes, et voici les conditions ; auxquelles je veux bien vous rendre l'existence. Or, ces conditions étoient le véritable joug des bêtes de somme ; elles réunirent tous les cœurs, tous les esprits contre elles ; et, ce qui devoit être, arriva. L'Angleterre, comme un grand chêne, qu'on a plié avec un prodigieux effort, rompit, de toute l'énergie, qui lui étoit propre, la chaîne de fer, qui la tenoit courbée, vers la terre, et se releva tout-à-coup : comme elle formoit un tout indivisible de puissance, elle choqua de sa masse entière, et renversa le despote qui osoit la heurter. La France, au contraire, comme l'a judicieusement observé l'auteur de la constitution d'Angleterre, n'étoit qu'un assemblage de pièces, posées les unes à côté des autres, et sans adhérence mutuelle : elle ne put donc opposer, aux attentats du pouvoir arbitraire, que des forces désunies, des intérêts souvent opposés, des loix, des usages et des coutumes contradictoires. Le manque d'ensemble et d'harmonie entre les provinces, assura leur dependance. Elles furent contenues ou subjuguées les unes par les autres ; et l'édifice de la liberté, miné sourdement, ne tarda pas à s'écrouler de toutes rparts : on vous dira qu'il en reste de nobles vestiges ; j'ai même entendu comparer le gouvernement français à cette superbe Palmyre, dont les ruines sont encore ce que nous connoissons, en architecture, de plus noble et de plus imposant. Quant à moi, pour qui de jolies phrases ne sont pas des raisons, sur-tout quand il s'agit de bonheur et de liberté ; je dirai, pour prolonger la comparaison, que si le despotisme n'a pu balayer les restes de nos prétendues libertés, il est assis fièrement sur cet amas de ruines, qu'il jeta trop souvent à la tête de ceux, qui osèrent les examiner de trop près.

Le croirez-vous, madame ? J'étois dans l'âge, où l'on court après des papillons, où l'on est papillon soi-même ; et, déjà, ces idées m'affectoient vivement : elles m'accompagnèrent jusqu'à Orléans, où m'attendoit une distraction très-aimable, et de l'espèce de celles qu'on a dans la première jeunesse. Couché dans la chambre, où naquit la belle duchesse d'Entragues, je rêvai qu'elle y jouoit, à Charles IX, un tour, dont les rois ne sont pas plus exempts que les derniers de leurs sujets; et comme ce n'est pas seulement par l'étude,

> Mais par les songes, que nous sommes
> Contemporains de tous les hommes
> Et citoyens de tous les lieux ;

Je me trouvai dans le cas de vérifier, sous tous les rapports, la justesse de l'anagramme de Marie Touchet : *je charme tout :*

> Jeannette en tressaille au fond de son village.
> Que veux-tu, ma Jeannette ? Entraîné loin de toi,
> Les sens, l'occasion, les effets du voyage,
> Et le feu bouillant du jeune âge,
> Et de tout ce qui vit l'inévitable loi,
> Que d'excuses pour un volage !
> Mais tandis qu'à Paris je suis encor moins sage,
> Tandis que, sans remords, je t'y manque de foi,

O Jeannette ! j'apprends que Lucas t'a vengée;

   Et, qu'infidèle comme moi,

Avec le beau Lucas Jeannette est arrangée.

Les voilà, les sermens, qu'au printemps de nos jours

Adreffe à la candeur, la candeur la plus pure !

Le sentiment si vrai des premières amours

   Doit donc finir par le parjure?

   Hélas ! on sait trop que les sens

De nos fragiles cœurs sont les fougueux tyrans.

Le cœur peut nous tromper, mais jamais la nature.

Revenons à Marie Touchet.

Ce jeune prince, qui garda si long-temps, dans son ame atroce, l'affreux secret de la Saint-Barthelemi; qui, des fenêtres du Louvre, tira un jour entier sur des infortunés, sans défense, en criant de toutes ses forces : *tuez*, *tuez*; qui demandoit froidement à son abominable mère, s'il n'avoit pas bien joué son *Rollet*; Charles IX faisoit pourtant des vers, aimoit les arts, et fut sensible aux charmes de Marie Touchet. Il ne méritoit pas une si jolie maîtresse; et si, comme le disent quelques écrivains du temps, il mourut pour lui avoir fait quelques visites de trop ; il méritoit encore moins un genre de mort aussi doux. O destinée ! Louis XI et Charles IX meurent dans leur lit, et l'héroïne d'Orléans sur un bûcher !

Tristes annales de l'histoire,
Non, je ne veux plus vous ouvrir ;
Si tous vos récits font frémir,
Faut-il en souiller ma mémoire ?
Pourquoi fixerois-je mes yeux
Sur ce jour , de honte éternelle,
Où Cauchon contre la Pucelle
Prononce un arrêt odieux ?
Vous , que cette horreur intéresse,
Vous pouvez, ô doctes mortels !
Livrer à des tourmens cruels
Une héroïne , à qui la Grèce
Auroit érigé des autels ;
Moi, je la sauve avec Voltaire ;
Voltaire est mon historien ;
Peintre de Jeanne , il est le mien ;
Et le plus vrai , puisqu'il sait plaire.
Que j'aime à l'entendre chanter

Agnès, Monrose et Dorothée !
Le moyen de pouvoir douter
D'un trait, dont l'ame est enchantée !
Oui, ce qui plaît m'est démontré ;
Et Gnide, au plaisir consacré,
Gnide, des temples le modèle,
Est, pour moi, bien plus avéré
Que le bûcher de la Pucelle.

Il est permis de croire qu'il n'avoit pas d'autre échelle de certitude, ce digne traducteur de Quintillien, cet aimable abbé, que la ville d'Orléans s'honore de compter parmi ses compatriotes ; & comme moi, sans doute, il déroboit la Pucelle aux flammes, ce champion vigoureux, sur lequel on a raconté une anecdote bien singulière. On a dit que le jeune abbé Gédouin put desirer, & qu'il obtint effectivement de la célèbre Ninon-l'Enclos, alors âgée de quatre-vingts ans, ce qu'il paroît difficile, à cet âge, d'appeller des faveurs :

Entouré de rofiers & de myrtes divers;
On le vit, dédaignant un ouvrage facile,
  Greffer un tronc, depuis long-temps ftérile,
Et qui, chargé du poids de quatre-vingts hivers,
A l'afpect imprévu d'un rejeton fertile,
Crut revoir ces beaux jours, où fa tête mobile,
  Se balançant noblement dans les airs,
De l'oifeau de Vénus étoit l'aimable afyle.

Pardon de ces folies; j'approche de Paris, et je prélude dans le ton de la capitale. Avant de m'y rendre, j'observerai qu'il ne manque à la lettre que vous m'avez adressée, dans ma solitude, que d'être datée, du château de *la Source*, à une lieue d'Orléans. C'eft là que milord Bolingbroke écrivit, sur l'usage de la retraite et de l'étude, ce beau morceau de philosophie, que je vous ai traduit, et où l'on trouve, comme dans les autres ouvrages de cet homme célèbre, un génie mâle et hardi, des idées profondes, une éloquence républicaine; c'est là qu'il pratiqua si bien les conseils qu'il

nous

nous donne. Vous savez que, secrétaire d'état, sous la reine Anne, il avoit osé présumer assez bien de son siècle et de son pays, pour les croire dignes de donner au monde un grand exemple, celui de la modération dans le succès, et de l'humanité, qui enchaîne la victoire. Ignoroit-il donc, pouvoit-il ignorer que le peuple, et ce qui croit n'être pas peuple, est incapable de s'élever à la hauteur de cette morale sublime, dont la pratique feroit le bonheur des deux mondes ? Obligé bientôt de se dérober à la rage d'une faction puissante et jalouse, il vint en France, et se retira, près d'Orléans, dans une solitude charmante, qui prend son nom de *la Source*, de celle du Loiret. On y conserve deux inscriptions de lui, dont voici plutôt l'esprit que la traduction :

Pour avoir de Bellone enchaîné les fureurs,
Épargné les vaincus, honoré les vainqueurs,
Soumis la politique à la philosophie,

Et fait servir la gloire à calmer l'univers,
Peuple ingrat, je deviens l'objet de ta furie:
Au bienfaiteur du monde on préparoit des fers.
Des fers ! J'en dus sauver la honte à ma patrie.
Je viens, dans ces beaux lieux me cacher à l'envie.
J'y viens loin des sentiers du vice, de l'erreur,
De tous les préjugés, dont la terre est remplie,
Seul avec la raison, la nature et mon cœur,
Consacrer au repos les restes de ma vie.
O source du Loiret ! source pure et chérie,
Sois à jamais pour moi celle du vrai bonheur.

Je le répète : ces vers font plutôt une imitation très-libre qu'une traduction; et comme il se présentera, dans la suite de cet ouvrage, plus d'une occasion de m'essayer dans ce genre, je dois vous prévenir que je suis incapable de faire mieux. La nature m'a refusé la patience, qui seule fait les traductions élégantes et fidelles, et sans laquelle encore il est rare qu'on mérite d'être traduit soi-même.

LETTRE IV.

Lisez le Misopogon de l'empereur Julien, où il parle avec tant d'intérêt de sa chère Lutèce ; et voyez s'il est possible de trouver le moindre trait de ressemblance entre le Parisien de nos jours, et ce Parisien réfléchi, grave, austère, et d'une sévérité de mœurs, qu'admiroit ce grand homme, si célèbre par la pureté des siennes.

Que me proposez-vous, me disoit un étranger, homme d'un très-grand sens et d'une prodigieuse érudition ? d'aller à Paris, pour y étudier le français sur ce grand théâtre ? Mais faut-il l'avoir vue pour la peindre, la physionomie d'un peuple qui, par la constitution de l'état, ne peut ni délibérer sur ce qui est à faire, ni raisonner sur ce qui a été fait ? dont la seule vertu patriotique est d'obéir et de payer ? qui, devenu comme étranger à la chose publique, est condamné, par la nature de son gouvernement, à exercer, dans un prétendu raffinement de luxe et de plaisir, l'inquiétude, ou si vous l'aimez mieux, l'activité de son caractère ? Qu'ai-je besoin de me transporter à Paris, pour y voir ce que l'étude réfléchie de l'histoire et l'influence des gouvernemens m'offrent dans mon cabinet ? Ne sais-je pas d'avance que le plaisir y est la vie, le premier besoin de la vie ; et que l'Ixion de la fable, poursuivant une déesse, et n'embrassant qu'un nuage, est le juste emblème du Parisien courant après le plaisir, et ne le rencontrant jamais ? Ne sais-je pas qu'une pièce de théâtre cause quelquefois plus de rumeur à Paris, que la promulgation d'une loi, avantageuse, ou funeste à l'empire ; qu'on y obtient les graces du souverain pour un chanteur, et que le grand talent y reste oublié, dans son grenier ? N'est-il pas vrai qu'en voulant y créer de nouveaux sens, on est parvenu à éteindre les véritables; et qu'à force d'embellir la nature, on l'a étouffée? Les femmes, qui perdent toujours, en intérêt, ce qu'elles acquièrent en agrément; qui plaisent toujours moins, à mesure qu'elles veulent plaire davantage ; les femmes ne vous y ont-elles pas sacrifié le plus doux de leurs charmes, en permettant à leurs yeux de tout voir, et à leurs oreilles de tout entendre ? Les hommes n'y tremblent-ils pas, au seul mot de ridicule : arme, que les femmes manient trop adroitement, et qui, toute foible qu'elle est, a plus d'une fois porté de cruelles atteintes à la gloire et à la vertu ? enfin, n'y voit-on pas naître et mourir, les uns des autres, des goûts, qui sont à peine des fantaisies ? n'y voit-on pas des choses importantes, oubliées et perdues dans un tourbillon de frivolité ? Osez dire que je me trompe,

et je pars demain pour rectifier mon jugement.

L'étranger ne partit point ; et moi
j'ajouterai , dans la langue que vous
aimez :

> L'esprit un jour lorgna la déraison.
> Vive et folâtre , il la trouva jolie.
> Que voulez-vous ? l'imagination
> A ses écarts , et le cœur sa folie.
> Paris vit naître un fameux enchanteur,
> Dieu fantastique et singe du bonheur.
> Nouveau Protée , il change de figure ,
> De vêtemens , de forme et de couleur ,
> Prend tous les traits , hors ceux de la nature.
> Le voyez-vous , tantôt d'un air vainqueur ,
> Semer des strats , des fleurons , des paillettes ;
> Tantôt lancer des pétards , des bluettes ,
> Des feux follets ? Leur flamme , sans chaleur ,
> Monte à la tête , et refroidit le cœur.
> De tout Paris il s'est rendu l'idole.
> C'est sur ses pas que le Français frivole
> Rasant à peine , effleurant chaque objet ,
> De l'inconstance est l'éternel jouet.
> C'est encor lui qui forme et rompt sans cesse
> Ces nœuds légers , ces affaires d'un jour,

Arrangemens , sans bonheur , sans tendresse ,

Qui font gémir la décence et l'amour.

D'un souffle vif , il excite , il allume

Ce luxe affreux , dont l'excès nous consume ;

Qui nous dessèche ; et ne laisse après lui

Que les regrets , l'amertume et l'ennui.

O sombre ennui ! qui de villes en villes ,

Si largement répands tes noirs pavots ;

Ah ! sur Paris verse-les à grands flots ;

Et qu'une fois du moins ils soient utiles.

Viens te traîner sous nos riches lambris ;

Accable-nous au sein de l'opulence ;

Et nous forçant à déserter Paris ,

Ferme le gouffre, où s'engloutit la France.

Pour moi, qui n'ai jamais d'humeur, ne manqueroit pas de dire ici la jolie madame de *** ; moi, qui cherche toujours de nouvelles raisons d'aimer ce que je dois aimer, et de me plaire aux lieux que j'habite, j'avoue que j'admire, dans Paris, précisément ce que vous y critiquez avec tant d'amertume : j'admire que, dans cette ville immense, où six à sept cents mille individus se heurtent

dans tous les sens, la plus grande affaire
soit le plaisir ; que tant de bonnes têtes
y mûrissent au milieu de tant de folles ;
qu'on y fasse, en même temps, le Sofa
et l'Histoire naturelle ; que la capitale
du royaume Babiole, soit encore celle
de la raison ; et qu'au sein de la frivolité même, la voix de la sagesse se fasse
entendre, et même écouter. Croyez-moi,
ajouteroit-elle ; on ne voit jamais bien,
quand on voit avec humeur. Vous voulez
prendre le Français ? tâchez de me saisir
au passage.

> Des goûts uniformes, constans,
> Ont pour moi des langueurs mortelles.
> Vous voudriez fixer le temps ;
> Je cherche à lui donner des ailes.
> Je prends et quitte, tour-à-tour,
> D'une main légère et rapide,
> Sénèque et le Temple de Gnide ;
> Epictète et le rien du jour.
> Vous trouverez sur ma toilette
> Hume, Newton, Pope et Nollet.
> Cherchez-vous le docte Fréret ?

Il est dans mon sac à navette.
Cent fois, dans mes soupers brillans,
J'ai vu les graces, la folie
Etonner la philosophie,
Par des traits nouveaux et frappans,
Par de vrais éclairs de génie.
L'Anglois est plus libre que moi ;
Il est fier, il a droit de l'être ;
Dans son parlement il est roi ;
Dans la loi seule il voit un maître.
Tous les trésors de l'univers,
Dans sa florissante patrie,
Viennent par cent canaux divers ;
Mais il n'a rien, puisqu'il s'ennuie.

Je conviens, pourroit lui répondre l'Anglois, qu'on s'agitoit plus à Athènes qu'à Sparte ; mais l'agitation n'est pas une preuve de bonheur : le bonheur ne fait pas tant de bruit ; et je doute fort que dans cette Athènes, si fameuse par son babil et sa légèreté, par la variété de ses modes, par ses beaux esprits et ses courtisannes, par ses spectacles et ses soupers, les jours s'écoulassent plus

rapidement qu'à Sparte, où, à la vérité, la cordace et la cycinnis n'étoient
pas connues, où chaque olympiade,
composée, comme on sait, de quatre
années, ne voyoit pas quatre changemens dans la manière de s'habiller et
de se coëffer; mais où le beau mot de
patrie avoit pour l'oreille une harmonie
enchanteresse, et pour le cœur le sens
le plus profond; où la première pensée
de la mère, accouchant, suivant l'usage,
sur un bouclier, étoit qu'il venoit de
naître un enfant à l'état; où chaque
citoyen mettoit sa gloire, et trouvoit
son bonheur à jeter dans l'ame de cet
enfant, devenu le sien, des germes de
patriotisme, que de grands exemples ne
tardoient pas à développer; enfin, où
le maintien des bonnes mœurs étoit
regardé comme le plus ferme appui de
la félicité publique; la vie, comme un
dépôt, que la patrie étoit en droit de
redemander à toute heure; et la mort,

trouvée en la servant, comme la plus digne récompense de la vertu. Des gens austères ont soutenu qu'il y avoit une nouvelle Athènes, par les quarante-huit degrés cinquante minutes ; mais qu'il n'y avoit plus de villes sur la terre, et qu'il n'y en auroit jamais, qui fût digne d'être comparée à Lacédémone.

Cette conversation supposée, m'en rappelle une qui ne l'est pas ; et dont le récit exact sera la peinture fidelle des mœurs de Paris, ou, pour mieux dire, de la forme actuelle du Caméléon.

LETTRE V.

JE connois deux sœurs, dont l'aînée, madame la comtesse de***, vit par choix dans une belle terre, à soixante lieues de Paris; heureuse par l'honnête homme dont elle partage la destinée, par son goût pour l'étude et les occupations de la campagne, par la sagesse de ses idées et l'extrême égalité de son caractère. La cadette, madame la marquise de***, étourdie par nature et par calcul; pleine d'esprit, mais coquette à l'excès; toujours à l'affût de la bagatelle du jour, et la première elle-même de ces bagatelles, se croit une femme importante, parce qu'elle occupe Paris de ses travers: et un objet d'envie pour sa sœur, parce qu'elle lui fait pitié.

L'aînée, appellée à Paris par une

affaire de conséquence, avoit été forcée d'y passer deux années de suite. Voici le dialogue des deux sœurs, au moment de leur séparation. Une circonstance heureuse m'avoit mis à portée de n'en pas perdre un mot ; et comme cette petite scène me parut de caractère, je l'écrivis, le jour même, dans la forme des entretiens de Richardson.

(LA MARQUISE.) Enfin, vous voilà bien contente ; vous regagnez votre triste château.

(LA COMTESSE.) C'est parce que je ne me plais nulle part autant, que j'y retourne avec plaisir.

(LA M.) Oh çà, nous sommes seules, parlons sans détour ; et, s'il vous est possible, quittez pour un moment, et pour moi seule, ce rôle sublime, si difficile à soutenir, et que vous avez si bien joui, depuis deux ans.

(LA C.) Ma sœur, je n'ai rien joué ; j'ai été, sur votre grand théâtre, ce que je suis dans mes champs, simple, vraie, sans prétention. J'ai vu des choses qui m'ont ennuyée ; j'en ai vu qui m'ont choquée excessivement ; je me suis contentée de leur opposer, dans le silence de la réflexion, les souvenirs de la vie que je mène à la campagne ; ils m'en ont paru plus touchans.

(LA M.) Ennuyée et choquée ! beau sujet de morale à développer. Je serois curieuse, je serois charmée de voir un tableau de Paris de votre main.

(LA C.) Curieuse ? cela peut être. Charmée ? je ne le crois pas. Ma sœur, j'ai tant de respect pour la morale, que je ne l'exposerai jamais à un persifflage assuré. D'ailleurs, qui sait ? la folie a ses dangers, sur-tout dans une bouche que l'on aime. Je ne suis pas aussi grave

que Caton le censeur, qui, tout en rai-
sonnant avec de jeunes étourdis, finit
par s'enivrer avec eux.

(LA M.) Vous ne me ménagez pas;
prenez-y garde : ceci pourroit devenir
une attaque en règle; je vous en avertis.

(LA C.) Je le voudrois ; mais les
troupes légères ne savent guère qu'es-
carmoucher.

(LA M.) Cette raison grave et sen-
tentieuse, se permet donc aussi des
épigrammes.

(LA C.) Oui, toutes les fois qu'on
n'oppose que des fusées au tonnerre de
son artillerie.

(LA M.) Eh bien ! qu'elle dirige tout
son feu contre moi; j'y consens, et
même je l'en prie ; mais à condition
que j'y répondrai à ma manière. Tenez,
ma sœur, on est ce qu'on peut; et je ne
peux avoir raison qu'en badinant : est-ce

ma faute, si la nature m'a enfantée dans un de ses momens de gaieté ?

(LA C.) Cette jolie expression est, si je ne me trompe, de M. de Buffon, dans son discours sur les oiseaux. Et, en effet, à vous voir voltiger comme eux, je ne trouve que trop de justesse à cette comparaison. Sans douté, en étalant au soleil leur brillant plumage, en quittant un buisson pour un buisson, en battant l'air de leurs ailes, les oiseaux sont ce qu'ils doivent être dans le système général ; mais vous, ma sœur, pensez-vous donc, en les imitant, remplir votre destination sur la terre ?

(LA M.) Je pense, avec Voltaire, que

Le raisonner tristement s'accrédite ;

et avec Rousseau, que le raisonneur est un animal dépravé ; je pense que la fleur des objets est tout ce qui convient à notre foible nature, à un être aussi fugitif, aussi passager que l'homme ; je pense,

pense, enfin, que l'on m'a créée et mise au monde, pour être heureuse ; et je le suis.

(LA C.) Impossible.

(LA M.) Eh ! pourquoi ?

(LA C.) Parce que le bonheur consiste à n'être nulle part aussi bien qu'avec soi-même, et que vous passez votre vie à vous éviter ; parce que nous voulons en vain ce que la Nature ne veut pas ; et qu'au moral et au physique, elle se venge toujours, sur ceux qui l'outragent, des outrages qu'ils lui font.

(LA M.) Je ne vous entends pas.

(LA C.) Je m'explique ; et je vous demande si vous pensez que le fils doive compter sur son père, la femme sur son mari, l'époux sur sa compagne, l'Etat sur le citoyen, le citoyen sur le gouvernement ; chacun de nous, enfin, sur les rapports qui nous lient les uns aux

autres, et tous ensemble au grand tout.
Vous supposez bien apparemment un
but à la vie; et à nos actions, une mo-
ralité quelconque.

(LA M.) Je réponds que voilà de
grands mots, et, qu'en morale, on
est toujours sur des échasses; je réponds
que cette longue chaîne de rapports se
trouveroit réduite à un bien petit nombre de chaînons, si tout-à-coup un génie
sublime et bienfaisant, remontant de
l'ordre actuel des choses à leur état primitif, venoit à dépouiller l'homme de tout
le factice, ajouté, dans lui, à l'œuvre
de la nature : alors nous verrions disparoître, et se perdre, dans la nuit des
mensonges, cet appareil imposant de
devoirs, dont on surcharge, dont on
accable notre existence; et qui la rendent
d'autant plus malheureuse, qu'en violant,
malgré nous, ces prétendus devoirs, nous
n'en éprouvons pas moins le remords

de les avoir violés ; tandis que nous n'avons fait que suivre des loix, dont ne triompheront jamais les vaines institutions de la politique.

(LA C.) C'est-à-dire que, pour perfectionner l'ordre social, il faudroit le dissoudre, et rompre ou détendre les liens qui réunissent les hommes, pour améliorer leur condition. Au reste, ce paradoxe n'est pas nouveau ; et, en vérité, ce n'est pas trop la peine de s'écarter des idées généralement reçues, pour n'être que l'écho d'un sophiste éloquent. Quand on s'enfonce dans le pays des chimères, il faudroit du moins y voler de ses propres ailes, au lieu de s'y traîner, sur les pas d'un autre. Mais laissons-là les chimères ; et permettez-moi une question : Seroit-il donc possible, qu'avec votre juste admiration pour l'auteur du poeme sur la loi naturelle, que vous savez par cœur, vous n'eussiez jamais eu la bonne pensée de réfléchir sur le plus beau vers de notre langue, si le plus beau vers est celui qui renferme le plus de choses ?

Que suis-je ? où suis-je ? où vais-je ? et d'où suis-je venu ?

(LA M.) L'Arioste vous diroit que ces questions ont rempli, dans la lune, les fioles de tous les philosophes, qui ont entrepris d'y répondre. Permettez-moi d'achever d'y remplir la mienne plus gaiement. Que m'importe ce qu'il m'est impossible de découvrir ? Je ne sais qu'une seule chose, qui est que je ne sais rien : je me trompe ; j'en crois savoir une autre ; c'est que l'Etre, quelqu'il soit, qui a combiné le grand tout, s'est contenté d'établir des loix générales ; et j'en conclus qu'il y auroit de la folie, à nous, résultats nécessaires de ces loix, qui régissent tout, de nous croire, chacun en particulier, l'objet de l'attention particulière de leur auteur.

La voyez-vous, cette fourmi, qui s'agite autour de cette corbeille de fruits ? Il y a des gens qui vous diront que le fabricateur de tant de mondes, que la main qui alluma tant de soleils, dirige encore tous les mouvemens de cet insecte. Quant à la fourmi, votre sœur, elle met son amour-propre à n'avoir pas d'orgueil si ridicule, et sa philosophie, à se convaincre de plus en plus, que celui qui s'est fort occupé des espèces, s'occupe on ne peut pas moins des individus.... A propos d'espèces et d'individus ; on parloit dernièrement, chez moi, de la constance en amour : quelqu'un s'avisa de demander si elle étoit possible. Le vicomte, dont vous connoissez la facilité pour les impromptus, fit celui-ci, qui vaut mieux que ce que nous disons.

> Quoi ! sur la terre et dans les airs
> Rien n'est stable, tout est mobile !
> Quoi ! je verrai du temps agile
> Les pas empreints sur l'univers !

Quoi ! des bords écumans des mers
Aux pics, élancés dans la nue,
De mille changemens divers
Les scènes frapperont ma vue !
Et je pourrois, crédule amant,
Bercé d'une vaine espérance,
Me flatter d'un bonheur constant
Dans l'élément de l'inconstance !
Non, du plaisir le doux tissu,
Offert gaiement, gaiement reçu,
Me répond seul de ma maîtresse.
Un caprice l'a-t-il rompu ?
M'a-t-elle gagné de vîtesse ?
Que m'importe que la traîtresse,
D'un jour ou deux m'ait prévenu ?
J'ai joui de l'individu,
En ne comptant que sur l'espèce.

Comment trouvez-vous cela ?

(LA C.) Très-digne du porte-feuille d'une Léontium ; excessivement déplacé dans le vôtre. Ma sœur, il faut que je l'avoue ; j'avois vécu, jusqu'aujourd'hui, sans connoître la haine ; il étoit réservé de me la faire connoître à ce prétendu bel-esprit, à ce coryphée de la fatuité, dont le moindre tort , à mes yeux, est de corrompre votre goût.

(LA M.) Le vicomte ! lui ! je ne m'y attendois pas , par exemple. Mais savez-vous bien vous-même, que c'est manquer de goût que de lui en refuser ?

(LA C.) Soit. Et pour achever de me perdre dans votre esprit, je vous dirai franchement que j'ai le mauvais goût de préférer le gros bon-sens de la médiocrité, sans prétention, à tous les impromptus de M. le vicomte ; à sa déplorable facilité de jouer sur le mot; à cet éternel cliquetis de pointes, qui éblouissent la sottise, déjouent le sens commun, et sont la pire espèce du faux bel-esprit.

(LA M.) Que voulez-vous ?

Quand tout le monde a tort , tout le monde a raison.

Le théâtre, lui-même, n'est-il pas devenu l'école des pointes, des jeux de mots, des calembourgs ? ne voyez-vous pas que

D 4

le tartuffe et le misanthrope n'osent plus
se montrer, à côté de tout cela? Croyez-
moi, ma sœur ; la sagesse consiste à
bien saisir l'esprit de son siècle ; et le
rôle de frondeur ne réussit dans aucun.
Quant à moi, j'ai le bonheur de me plier
à tous les goûts, à toutes les fantaisies
du moment. C'est de tout mon cœur que
je ris d'un mauvais calembourg, après
avoir pleuré à Zaïre. C'est très-sérieu-
sement, et avec toute l'attention dont
je suis capable, que je combine une
mode nouvelle, un chiffon nouveau :
tout cela m'occupe, comme si le sort de
la France en dépendoit.

(LA C.) Et quel est en dernière analyse le résultat de tant de soins, de tant
de sollicitudes ?

(LA M.) D'être citée comme un modèle de graces, comme le phénix du
goût régnant, de préparer tous les jours
de nouvelles jouissances à mon amour-

propre ; d'être, si l'on veut, la première folle de la folie générale ; mais d'être la première ; et c'est bien quelque chose. Il faut dans ce genre - là , comme dans tous les autres, aspirer au premier rang, ou se contenter d'être tout platement une femme sensée.

(LA C.) Noble et digne ambition ! il faut en convenir ; dont l'effet indispensable est de rétrécir les idées , en les arrêtant sur des détails aussi froids que minutieux; d'étendre les progrès d'un luxe coupable; et de vous priver nécessairement du plus grand charme de la vie , de ce qui seul peut la faire aimer, du plaisir de faire le bien. Ajouterai - je une conséquence , non moins pernicieuse, de cette fureur de babioles , dont Paris est possédé ? C'est de produire sur les têtes qui s'en occupent, l'effet de la torpille, sur la main, qui l'a touchée ; c'est de vous plonger tous dans un engourdissement absolu , relativement au grand intérêt de la chose publique. J'ai observé, et ce funeste souvenir me poursuivra long-temps dans ma retraite; j'ai observé le nombreux essaim des papillons de Paris, ou de ses chenilles de toutes les couleurs, au moment de la retraite de M. Necker (1), regardée, par tous les bons citoyens, comme une calamité. La chûte de cette majestueuse colonne, qui soutenoit si noblement l'édifice du bien public, a retenti dans toute l'Europe; et vous n'avez pas seulement tourné la tête; vous, ma

---

(1) Plusieurs personnes, et parmi les gens de lettres, je nommerai M. le comte de Mirabeau, M. Champfort, et M. Suard, ont lu cet éloge de M. Necker, long-temps avant que son rappel, au ministère, eût comblé les vœux de la France; et ceux qui me connoissent, savent que je l'aurois loué moins hardiment aujourd'hui; quoique ce juste tribut d'estime, payé par un grand royaume, à un grand homme en place, dût l'être sans crainte par celui, qui a fermé son cœur au vautour de l'ambition; qui préfère la liberté à tout, et sait être plus riche par les choses dont il n'a pas besoin, que par la fortune, dont il jouit.

sœur, que je croyois digne de sentir la perte du plus grand homme d'état, dont la France pourra jamais s'honorer.

(LA M.) Effectivement, mes larmes auroient été fort utiles à l'état. Quoi ! parce que le philosophe, dont vous parlez, ne connoissoit pas les courtisans aussi bien que les affaires ; parce qu'un vieux renard, bien cauteleux, se montra plus rusé que lui, vous auriez voulu que la France prît le deuil, et que Paris fût devenu triste, comme un enterrement. Votre servante, ma sœur. Ils se moquent de nous à Versailles : je me moque d'eux à Paris...... Mais j'attends le vicomte, et je voudrois bien qu'il ne me trouvât pas montée sur un ton aussi sérieux. A propos du vicomte ; pourroit-on vous demander pourquoi vous le haïssez si cordialement ?

(LA C.) Parce qu'avec infiniment moins d'esprit que Lovelace, son carac-

tère est encore plus vil, et que les assi-
duités d'un homme de cette espèce font
toujours la juste critique de la femme
qui les souffre. Montesquieu, que vous
n'accuserez pas de trop de rigorisme,
a dit que la pureté des mœurs s'altéroit
dans le simple commerce de la galanterie : à plus forte raison, doivent-elles
se corrompre quand le vice est en société
intime avec elles ?

(LA M.) Les mœurs ! les mœurs !
Tout en les respectant, comme je le dois,
avouez qu'elles servent trop souvent de
retranchement à ces femmes qui n'en ont
pas besoin, par la raison que, là, où il
ne peut y avoir d'attaque, tout système
de défense est au moins superflu. Je les
admire, ces femmes de l'âge mûr ; elles
voient toujours les femmes du mien, en
lisière : elles sont là ; vous les rencontrez
par-tout ; et parce qu'à cette brillante et
trop courte époque de la vie, on a de la

grace et de la souplesse, et ce besoin d'exifter qui donne au mouvement de l'énergie et de l'activité; prenez garde, vous crient-elles de tout côté; vous courez trop vîte; vous allez tomber : eh ! non, non, mesdames; daignez nous abandonner à la liberté de la nature; et, de ce que vous ne pouvez plus nous suivre, ne concluez point que nous ne savons pas marcher.

(LA C.) Et moi, convaincue plus que jamais qu'il est de l'essence d'une jolie femme de Paris de glisser fur les vérités importunes qu'on lui présente, je ne vous dirai plus qu'un mot; puisse - t - il vous servir de flambeau fur le bord du précipice, où je vous vois suspendue ! Hier au soir j'attendois ma voiture, au bas de votre escalier; M. le vicomte * * * le descendoit, avec un roué de son espèce ; car il faut bien que je souille ma bouche d'un mot, dont la bonne compagnie de

Paris caractérise les membres qui la composent ; j'entendis très - distinctement,
et mes gens purent entendre de même :
« Mais quand je te dis qu'elle est à moi,
» à moi dès ce soir, si je le veux déci-
» dément. Il ma paru qu'elle vouloit
» jouer le sentiment, jusqu'au départ
» de sa bégueule de sœur, dont nous
» serons débarrassés, après-demain. A
» la bonne heure ; je ne suis point du
» tout pressé, moi, je me pique d'en-
» tendre raison. »

Que vous dirai-je, ma sœur ? La colère
s'empara de moi, non pas pour cette qua-
lification de bégueule, qui, dans le diction-
naire de ces messieurs, est précisément le
synonyme de femme honnête ; mais pour
vous, aveugle et déplorable victime de
tous les travers du siècle. Rentrée chez
moi, je sentis à l'effervescence de mes
esprits, qu'en vain je chercherois le
repos, dont j'avois besoin ; je me mis à
mon secrétaire, et l'indignation m'ins-
pira cet adieu à Paris.

Inflexible nécessité,

Tu ne m'enchaînes plus sur ce fatal rivage.

Je pars ; je vais le fuir, cet étrange assemblage

De vices, de travers et de légéreté.

Je vivrai loin de toi , trop fameuse cité,

Où la faveur altière, orgueilleuse, insultante,

Le luxe dévorant, la sotte vanité,

    Le libertinage effronté,

    Lèvent une tête impudente ;

Où fourmillent par-tout les essaims bourdonnans

    De cette insolente jeunesse,

Qui sait tout ; qui fait tout ; qui marque tous les rangs

A la cour, à l'armée, au théâtre, au Permesse ;

    Donne des leçons aux talens,

    Et des conseils à la sagesse.

Mais vous, ma sœur, mais vous, qui m'occupez sans

     cesse,

Vous, à jamais présente à mes sens déchirés,

Faut-il aussi vous fuir ? O douce solitude !

Je vais donc dans ton sein porter l'inquiétude

Des regrets éternels, qui lui sont préparés !

Le bruit d'un carrosse se fit entendre ; c'étoit le vicomte de ***. Il entra d'un air vainqueur ; de cet air, qui, dans une tête tournée, triomphe de la meilleure prose et des plus beaux vers du monde.

LETTRE VI.

VOUS rappellez-vous d'avoir lu, dans le philosophe Fontenelle, l'histoire d'un enfant, né en Silésie, auquel il vint une dent d'or, à l'âge de sept ans ? Ce phénomène fut annoncé dans tous les journaux d'Allemagne, et les grossit d'une foule de dissertations. Tandis que les savans raisonnent, à perte de vue, sur la dent d'or, un orfévre l'examine attentivement, et trouve, comme de raison, que le prodige se réduit à une feuille d'or, artistement appliquée sur la dent. N'en seroit-il point du gouvernement français, comme de la dent d'or ? avons-nous effectivement une constitution ? C'est un problême, en politique, plus curieux qu'embarrassant à résoudre. Il n'y a point de liberté constitutionnelle

en

en France, et la nation n'en est pas moins à l'abri des derniers attentats du despotisme.

Entreprendre de prouver qu'il n'y a point de liberté constitutionnelle en France, c'est vouloir démontrer que les trois côtés d'un triangle sont égaux entr'eux. Cette liberté n'existe point dans un pays où « la propriété per-
» sonnelle n'est pas garantie par les
» loix ; où l'ordre, non motivé d'un
» ministre, quelquefois délivré à son
» insu, souvent accordé à la simple
» sollicitation d'un grand vindicatif,
» d'un homme accrédité, d'une favorite
» intrigante, suffit pour plonger un ci-
» toyen dans une prison, sans que le
» magistrat puisse venir à son aide, sans
» que la loi lui prête aucun secours,
» sans qu'aucun autre terme soit fixé
» à sa détention, que la volonté de
» celui-là même qui l'a ordonnée, ou

 E

» plutôt de celui qui l'a obtenue. (1) »
Il n'y a point de vraie liberté, là, où les précautions apparentes, prises pour la sûreté des individus, ne sont en effet que de grands moyens d'oppression, où ce monstre à mille bras, qu'on appelle *police*, couvre une surface immense de ses invisibles filets; enlève sur des délations, souvent calomnieuses, le mari à sa femme, le père à son fils, l'homme public à ses fonctions; et peut, comme on vient de le voir, punir, de trente ans de cachot, le crime d'avoir déplu à la maîtresse du souverain. Comment ose-t-on prononcer le beau mot de *liberté civile*, là, où dans le centre des mauvaises mœurs, des tripots de jeu, des lieux de prostitution, autorisés ou soufferts, des abominations de toute espèce, quelques hommes éclairés, et par con-

---

(1) *Des lettres de cachet;* un de ces ouvrages qui font époque dans l'histoire de l'esprit humain, et dont l'éloquence et la philosophie doivent également s'honorer.

séquent soumis aux loix, n'ont pû, sans effaroucher le despotisme ministériel, avoir un appartement en commun, et y jouir en paix des douceurs d'une société choisie, tandis que la triste et vaporeuse oisiveté va, de spectacle en spectacle, de porte en porte, promener et chercher de l'ennui ? Enfin, et pour achever le tableau du gouvernement français, ou plutôt pour le peindre d'un seul trait, je demande si l'ombre même de la liberté peut se trouver dans un pays, où le pouvoir civil et militaire, et celui de faire les loix, est réuni, dans la main d'un seul, au pouvoir de les faire exécuter. Et que de vils écrivains, soudoyés par un vil ministère, ne viennent pas nous citer l'abominable édit de 1770, qui, tout en anéantissant les dépositaires des loix, *déclare l'heureuse impuissance, où se trouve le roi, de rien changer aux institutions sacrées, qui assurent l'état, l'honneur et la propriété des citoyens.* Malheureux interprète, ou, pour mieux dire, infame calomniateur des volontés du prince, oses-tu donc joindre, en son nom, la dérision à la tyrannie ? oses-tu lui faire commettre la plus odieuse des lâchetés, celle d'insulter quand il frappe ?

En 1763, un de ces courtisans qui préfèrent les honneurs à l'honneur, faisoit, devant moi, une critique absurde du gouvernement d'Angleterre, et l'apologie, non moins absurde, du gouvernement français. Il falloit être anglomane, avoit-il dit, en me fixant, pour balancer entre les orages des factions angloises, et la profonde tranquillité dont on jouissoit en France, à l'abri de l'autorité royale. Effectivement, répondis-je, monsieur a raison ; nous sommes en paix, et les cadavres aussi. Qui ne sait, d'ailleurs, que toute la puissance du chef de la nation britannique, dont le pavillon s'est montré victorieux , dans les quatre parties du monde, viendroit échouer honteusement devant un savetier de Londres , protégé contre lui de toute la force du corps politique; tandis que Louis XV , un peu moins fier, à la vérité, sur les bords du Gange et de l'Ohio , jouit chez lui de la noble prérogative de pouvoir m'ensevelir, cette nuit, dans les cachots de la bastille , après avoir tenu, ce matin, un lit de justice, pour la violer plus à son aise ? Je vous fais grace de la replique du courtisan. Ils ne vous sont que trop connus, tous ces lieux communs de bassesse et de servitude, à l'usage des esclaves de cour, engourdis dans leurs chaînes, ou, ce qui est pire, fiers de les porter. Pour moi, je n'ajoutai pas un seul mot. Il ne faut parler ni de couleurs à l'aveugle, ni d'harmonie au sourd.

Comment donc, avec ces effrayans symptômes d'esclavage , le Français est-il, par le fait, un des peuples les moins opprimés ? comment se fait-il qu'il jouisse, à certains égards, des fruits d'une liberté qu'il n'a pas ? C'est que, dans aucun des pays soumis au pouvoir d'un seul, la raison n'a fait autant de progrès qu'en France, et qu'heureusement la hache du despotisme rebrousse sur la philosophie, comme la cognée sur l'arbre de fer ; c'est qu'une grande masse de lumières, émanée de la foule de nos bons écrits, s'est répandue dans tous les ordres de l'état, de celui-là, même, qui doit le plus à l'ignorance ; c'est que l'esprit philosophique a élevé une barrière formidable, quoiqu'invisible, entre le pouvoir absolu, qui tend par sa nature à tout envahir ; et la liberté individuelle, qui, plus naturellement encore, tend à se défendre ; c'est enfin, comme l'a dit M. Necker, qu'il suffit de nommer, l'opinion est plus puissante en France que le roi même. Si jamais, ajoute ce grand écrivain, elle y perdoit sa précieuse et redoutable influence, la liberté y seroit privée de son unique appui; et le Français y auroit besoin, plus que jamais, et des vertus de son souverain, et de la modération de ses ministres.

Qui le croiroit encore ? Le défaut universellement reproché à la nation française, son extrême légèreté, la sert journellement contre les attaques du pouvoir arbitraire : des intrigues de cour y culbutent rapidement, les uns sur les autres, des ministres trop inconséquens et trop frivoles, pour y suivre un plan raisonné d'oppression : attaqués de l'épidémie générale, ils ne voient guère dans les affaires que des obstacles à leurs plaisirs ; de-là cette souplesse et cette douceur qui se communiquent aux mains, qui tiennent, ou sont censées tenir les rênes de l'empire.

L'arbre antique et sacré de la chevalerie
Ombrage encor le trône de nos rois.

Sous ses rameaux, ils ont plus d'une fois
Consu'té la galanterie ;
Elle est foible, mais bonne ; et la rigueur des loix,
Par sa main délicate est souvent adoucie.
La foudre, à ses côtés, repose sur des fleurs.
On ne fait rien de grand, en marchant sur ses traces ;
Je le sais ; mais du moins elle polit les mœurs ;
(1) Et celui qui peut tout, et sacrifie aux graces,
Fait rarement cou'er des pleurs.

----

(1) *Et celui qui peut tout.* Quel mot ! quel sentiment de terreur il porte dans l'ame ! combien les crimes et les malheurs qu'il retrace à la pensée doivent, dans un gouvernement absolu, empoisonner les derniers momens d'un roi citoyen ! Non, sans doute, il ne lui suffit pas d'avoir consacré sa vie entière au bonheur de la génération qu'il a gouvernée ; il faudroit encore qu'il pût être sans inquiétude, sur le sort des générations futures : il ne faudroit pas qu'il transmît, par droit d'héritage, à son successeur, le pouvoir d'être un tyran. Marc-Aurèle ne fut-il pas remplacé par Commode ? Et, sans sortir de la France, la démence furieuse de Charles VI, et toutes les horreurs de ce règne désastreux, ne succédèrent-elles pas à la sagesse de Charles V ? On l'a dit, et il est bon de le répéter : il manque à la gloire des Antonin, des Titus & des Marc-Aurèle, d'avoir donné une constitution au peuple romain, d'avoir su le dé-rober aux fureurs du despotisme, et à l'abjection

LETTRE VII.

Vous connoissez ma passion pour le spectacle; et vous croirez aisément que mon premier soin, en arrivant à Paris, avoit été de voler à la comédie française.

de la servitude. O Louis XVI! il est donc vrai que ce grand bienfait va vous recommander à l'amour des Français, à l'admiration de l'Europe, au respect de la postérité? Vous serez donc le Minos de la France, en rappellant à l'administration de l'empire, un peuple noble, généreux, enthousiaste de l'honneur, idolâtre, je ne dirai pas de ses *maitres*, mais de ses rois? On verra le père du peuple, entouré des représentans de la nation, s'entretenir, avec eux, des intérêts de la patrie; donner à la loi une force irrésistible et le caractère le plus auguste, en lui imprimant le sceau national; rendre d'un mot tous les impôts supportables, en déclarant qu'ils doivent être volontaires; accueillir de trop justes plaintes, rejetées depuis long-temps avec trop de mépris; et reconnoître enfin, que de toutes les usurpations de l'autorité, la plus tyrannique et la plus

La nouvelle salle n'étoit pas encore pro-
jetée ; et aujourd'hui, qu'elle est finie,
je n'en dirai pas moins que, si les modernes l'emportent sur les anciens, dans
l'art de la tragédie, par les beautés de
détail, par une intelligence plus fine des

---

intolérable, est d'emprisonner un citoyen, sans l'entendre,
et de le punir sans le juger ? Ah ! c'est-là, sans doute,
et c'est-là seulement, qu'en n'exigeant rien, avec hauteur,
vous obtiendrez, au-delà même de vos espérances. C'est-
là que vous jouirez d'un pouvoir, bien supérieur à
celui que vos ancêtres ont usurpé sur nous ; c'est-là
qu'en nous affociant à la chose publique, vous sentirez
l'orgueil de commander à des hommes ; et qu'on verra
se ranimer, au foyer du patriotisme, des cœurs flétris
par une longue oppression. O bon prince ! ne tressaillez-
vous pas de joie, en pensant que peut-être un jour
on dira : *La majefté du peuple français*, comme on
l'a dit de ce peuple roi, qui nous fait sentir, avec
tant d'amertume, le prodigieux avantage d'une constitution libre, sur un gouvernement arbitraire ? L'antiquité *vit le grand roi*, le riche et puissant Xerxès, immobile et muet devant une poignée de citoyens. Le
même abus du pouvoir d'une part, et la liberté civile
et politique de l'autre, doivent, dans tous les temps,
produire les mêmes effets.

passions, et par toutes les ressources de l'art perfectionné, les anciens nous éclipsent tout-à-fait, par la pompe et la magnificence, qu'ils mettoient dans la construction de leurs théâtres. *L'odeum*, que fit bâtir Périclès, étoit d'une grandeur et d'une élégance, dont nous n'avons pas d'idée. Ce superbe édifice fut construit, en partie, des débris des vaisseaux pris sur les Perses ; idée digne à la fois de Periclès, et du peuple qui avoit triomphé à Salamine. C'est un fait, que la représentation de trois tragédies de Sophocle, coûta plus aux Athéniens que la guerre du Péloponèse. Vous jugerez, par ce seul trait, du raffinement que les Athéniens mettoient dans leurs plaisirs. Lisez une dissertation de Boindin, sur la forme et la construction de leurs théâtres ; vous y verrez, que, pour rendre moins sensible la chaleur, causée par l'haleine et la transpiration de plusieurs milliers de spectateurs, ils avoient soin de la tempérer, par une espèce de pluie odoriférante, dont ils faisoient monter l'eau, au-dessus des portiques ; elle retomboit, en forme de rosée, par une infinité de tuyaux, cachés dans les statues, qui régnoient autour du théâtre , et répandoit à la fois une fraîcheur agréable et des parfums exquis. Avouons que nos Lucullus de Paris n'ont rien imaginé de comparable ; et ne soyons pas étonnés, d'ailleurs, si les bons comédiens, excommuniés d'un côté, et flétris par l'opinion de l'autre, deviennent plus rares, de jour en jour. Quelle différence de l'état actuel d'un comédien , à l'état d'un Esopus, dont ce fameux dissipateur, cité par Horace, ne put parvenir à épuiser l'héritage ; et d'un Roscius, de cet inimitable Roscius, dont Cicéron disoit qu'il avoit tant de talent pour le théâtre, qu'il n'auroit jamais dû en descendre , et tant de vertu, qu'il n'auroit jamais dû y monter ! Au reste, il ne faut pas oublier que les comédiens n'étoient réputés infames, à Rome, que parce qu'ils y naissoient esclaves : c'est une remarque de M. Duclos ; et il ajoute que leur profession y auroit eu autant de considération, qu'elle en avoit à Athènes, si elle y avoit été exercée, comme en Grèce, par des comédiens de condition libre.

Pour toi, ma nation brillante,
Dont la folie est l'élément ;
Qui, sans doute, as fait le serment
D'être à jamais inconséquente ;
Toi, qu'une épigramme plaisante
Console de tout à l'instant ;
Poursuis, et vois en badinant
Flétrir le talent qui t'enchante :
Par un vaudeville léger,
Par un joli trait de satire,
Efforce-toi de faire rire
Ceux que tu devrois protéger.
Cependant, sensible à leur plainte,
Daigne en adoucir la rigueur ;
Fais qu'ils espèrent la faveur

De quelques pieds de terre sainte.
Rappelle à leurs sens pleins d'effroi
L'histoire de l'imprimerie,
Qui, dans notre sage patrie,
Fut proscrite aussi par la loi.
Dans un arrêt très-authentique,
N'a-t-on pas dit que l'émétique
Etoit un horrible poison ?
Et de l'inoculation
N'a-t-on pas bâlmé la pratique ?
Mais tout arrive avec le temps.
Dans la nuit qui nous environne,
La vérité marche à pas lents ;
Elle est entrevue, on raisonne.
Oui, malgré nos pédans fâcheux,
Croyons que, dans un siècle ou deux,
On ne damnera plus personne.

Si les comédiens sont damnés, la comédie est diabolique ; cette conséquence est naturelle ; et l'on n'a pas manqué de la tirer. Un philosophe éloquent a ajouté qu'elle est un divertissement plus barbare que les combats des gladiateurs. Sottises et paradoxes, tout est donc épuisé sur le chapitre des comédiens et de la comédie.

Demander si la scène, purgée des offensantes railleries de Plaute et d'Aristophane, et des grossièretés de la Foire, peut être utile aux mœurs, c'est demander, s'il est utile que l'homme vertueux aille sourire à son image, et le vicieux s'indigner contre lui-même. Qui de vous, nous dit-on, est jamais revenu meilleur du spectacle ? J'ai, pour mon compte, deux réponses à cette question. Je menai un riche avare à la comédie de ce nom; il est vrai qu'il me fallut payer pour lui à la porte; mais jamais avare ne plaça son argent à un plus haut intérêt. J'avois appris qu'un de ses frères, homme respectable, et chargé d'une nombreuse famille, venoit d'être accablé, par un de ces coups du sort, que la prudence ne peut ni prévoir, ni prévenir : nous en parlâmes, entre les deux pièces; et je lui dis : Je ne vous demande pas si vous

viendrez au secours de votre malheureux frère ; l'Harpagon même de Molière
ne croiroit pas pouvoir s'en dispenser.
Le mien , réduit à la nécessité de se
montrer humain , pour échapper à un
ridicule , se conduisit assez généreuse-
ment ; et l'avarice même devint bienfaisante , devant l'avarice , mise en action
par le plus grand maître de l'art. Quelque
temps après , j'étois à une représentation
du *méchant* , à côté d'un de nos méchans ,
par air et par système : je l'observois , à
chaque coup de pinceau , qui faisoit
sortir cet affreux caractère ; je suivois
tous les mouvemens de son ame ; je vis
qu'il étoit effrayé de sa ressemblance
avec l'odieux *Cléon* ; et le soir même ,
que nous passâmes ensemble , dans une
maison , où l'on prisoit ce malheureux
genre de célébrité , je lui fis observer
qu'il avoit été d'autant plus aimable ,
qu'il ne s'étoit pas permis une seule
épigramme. On demande qui de nous

est

est revenu meilleur du spectacle ; et je demande, à mon tour : quelle ame, tourmentée de la soif de se venger, pourroit voir sans fruit le sort de Thyeste, et la vengeance de son abominable frère ?

Soyons amis, Cinna, c'est moi qui t'en convie.

A quels cœurs implacables, ces sublimes paroles n'arracheroient-elles pas un pardon ? quel tigre ne seroit adouci par la vertu d'Alvarès ? Si j'avois un fils ; si je le voyois de sang-froid, dans ce moment terrible, où Séide arrive sur la scène, le poignard à la main, au milieu des fantômes, qui entourent le crime, articulant avec effort des mots sans suite, qui peignent si bien l'aliénation de son esprit, et le déchirement de son ame ; si un déluge de larmes n'inondoit pas son visage, à la reconnoissance du père et de ses enfans, à ce coup de théâtre, le plus terrible que puisse frapper la tragédie ; je crois, oui, je crois

 F

que je souhaiterois à mon fils le coup
de poignard, que Zopyre vient de recevoir. Plût à Dieu, faut-il penser avec un
sage, que la tragédie de Mahomet, fût
plus ancienne de deux cents ans !

Hélas ! que ne pût-il l'avoir vue une fois,
    Ce Ravaillac, ce sacrilége atroce !
    Il n'eût jamais porté sa main féroce,
Sur le meilleur mortel, sur le plus grand des rois.
Le monstre de la France, à l'aspect de Séide,
De l'humanité sainte eût connu le transport;
    Et malgré lui, le glaive de la mort
    Seroit tombé de sa main parricide.
    O mes amis ! cultivons les beaux-arts,
Cherchons la vérité, chérissons la science ;
Au fanatisme aveugle arrachons ses poignards.
Dans ses antres profonds attaquons l'ignorance ;
Que le peuple, par elle, abusé tant de fois,
    Connoisse enfin sa dignité, son être ;
Qu'il sache adorer Dieu, sans obéir au prêtre,
    Et, s'il se peut, n'obéir plus qu'aux loix.

C'étoit un grand plaisir d'entendre
Voltaire, discourant de l'art dramati-

que, de la tragédie sur-tout, qu'il re-
gardoit comme l'école des maîtres du
monde. Elle est perdue en France; on
y a trouvé le véritable goût de la nation,
me disoit-il un jour, à propos de l'opéra-
comique. Ce seroit assurément un très-
grand malheur. Une scène de Phèdre,
ou de Mérope, vaut mieux seule que
tous les opéra-comiques ensemble ; et
tant qu'il y aura une étincelle de goût
et de génie en France, Iphigénie l'em-
portera sur Annette. Mais pourquoi ne
jouiroit-on pas de l'une et de l'autre ?
les plaisirs doivent-ils s'exclure ?

Quoi ! le plaisir en habits de village,
N'a-t-il donc pas son prix et ses douceurs ?
Sous un ormeau ne croît-il pas des fleurs ?
Pour le plaisir faut-il tant d'étalage ?
Non, non. Cet être inconstant et léger
Se reproduit, sous des formes sans nombre :
Sur le duvet il aime à s'arranger ;
Au fond des bois, il va s'asseoir à l'ombre ;
A la cour même, on l'a vu voltiger.
C'est un Protée à jamais adorable.

Qu'il ait les traits d'un prince, ou d'un berger,
Ils font charmans ; plus il daigne en changer,
Plus à nos yeux il doit paroître aimable.

Mon père, grand partisan de la musique de Lulli, m'avoit dit : Vous irez
à l'opéra ; que vous serez heureux !
J'allai à l'opéra, et je me crus au sabbat ;
je me crus insensible à l'harmonie, et
disgracié de la nature. Quelle apparence,
me disois-je, que, seul contre tous, je
puisse avoir raison, et que, ce qui est
admiré si généralement à Paris, ne soit
pas effectivement admirable ? Quelques
années après, j'eus un autre sujet d'a-
larmes : j'étois à Naples, et je me crus
fou. La première cantatrice que j'y entendis, fut l'incomparable Gabrieli,
chantant ce beau morceau de *Confusa
Smaritta*, du Caton de Métastase, et
de la composition de Jomelli ; c'est-à-
dire, qu'on y débuta, pour moi, par la
merveille du chant, et par un chef-
d'œuvre de poésie et de musique. Ce

que je devins ne peut s'exprimer : je m'oubliai, au point de faire spectacle. Pardon, messieurs, dis-je à mes voisins ; mais cette musique des anges vient de créer chez moi un nouveau sens, dont voici la première jouissance ; et qui d'entre vous seroit assez malheureux, pour n'avoir pas éprouvé que l'effet d'une première jouisssance, est de tourner la tête ? C'est un Français, répétoit-on de loges en loges ! c'est un Français ! et ce Français, si sensible aux charmes de la musique, devint la nouvelle de Naples, et y parut un vrai phénomène.

Après nous être défendus, le plus long-temps qu'il nous a été possible, d'avoir un plaisir de plus ; après avoir soutenu, jusqu'à la dernière extrémité, notre lourde et abominable psalmodie, contre l'Europe entière ; nous avons, enfin, permis à de célèbres compositeurs étrangers, de faire d'heureux essais d'harmonie,

F 3

sur des oreilles françaises. C'est une justice, que j'aime à rendre, à ces hommes
de génie, qui viennent de créer notre
scène lyrique ; je dirai plus : il seroit,
je crois, possible de prouver aux Italiens, qu'on a transporté chez nous les
beautés de leur opéra, et qu'ils n'ont
pas les nôtres ; mais ils nous répon-
droient : Vous nous avez laissé, du
moins, une langue douce, flexible,
accentuée, la langue de la musique par
excellence ; et je n'entendrois que trop
cette réponse. Je vous dirai, mais tout
bas, et à vous seule, que la langue
française ne s'est jamais prêtée, et ne
se prêtera jamais à la musique : je sais
bien que vous me citerez quelques vers
lyriques, semés çà et là, dans nos poëmes,
comme l'œil apperçoit quelques brins
d'herbe, dans les sables de la Lybie ;
mais moi, je prendrai celle de nos tragédies chantées, que je crois faite avec
le plus d'art, d'esprit et de goût ; nous

la lirons ensemble, et je vous forcerai de convenir que, s'il est une langue qu'il soit impossible de faire fléchir, sous les loix de la mesure et de la mélodie, c'est malheureusement la nôtre. Quand je voyois le célèbre Sacchini, suer sang et eau, pour appliquer sa musique enchanteresse, à ce français, si peu musical, il me sembloit voir l'Apollon du Belvedère, sous la draperie la plus massive. Gardez-moi le secret : je connois des personnes, à Paris, que cette vérité métamorphoseroit en bacchantes ; et j'éprouverois le sort d'Orphée, sans en avoir les talens.

LETTRE VIII.

DES esclaves chrétiens s'étoient emparés d'une caravelle du grand-seigneur, l'avoient conduite à Malte, et vendue à l'ordre : le roi de France ne l'avoit pas encore rachetée, pour la renvoyer à Conſtantinople. On armoit dans tous les ports de l'empire ottoman ; l'île étoit menacée, et le grand-maître nous avoit appellés, à sa défense. Le devoir, et l'honneur, m'ordonnoient donc de partir, pour Malte ; mais vous savez si le plaisir et l'amour me retenoient à Paris. Le plaisir et l'amour ! quels mots, à vingt-un ans, puisqu'à cinquante, on a bien de la peine à les prononcer sans émotion ! Vous craignez que vos prisonniers ne vous échappent, disoit Anacréon à Polycrate, tyran de Samos ; et vous

avez raison ; car ils sont chargés de
fers : ordonnez qu'on les brise ; laissez
à vos belles femmes de Samos, le soin de
leur donner d'autres chaînes ; et tenez,
hardiment, toutes les portes de la ville
ouvertes. J'aime à penser que le poète
des graces en éprouvoit, lui-même, tout
le pouvoir, quand il donnoit ce conseil
à Polycrate ; j'aime à croire, qu'au moment, où il vit arriver, à Samos, la
galère, que le fils de Pisistrate lui envoyoit, d'Athènes, pour le transporter
dans cette ville ; forcé, comme moi, de
s'éloigner d'une maîtresse adorée, il
s'écrioit, comme moi, mais dans une
langue, infiniment plus poétique, plus
harmonieuse, et plus douce :

> Ah ! prends pitié de ton amant,
> Femme, à la fois, tendre et cruelle ;
> N'ajoute point à mon tourment,
> Le tourment de te voir si belle :
> Détourne ces yeux enchanteurs,
> Ces yeux, où je puisois ma vie ;

Par tes sanglots, et par tes pleurs,
Veux-tu qu'elle me soit ravie ?
Charme, et supplice de mes jours,
Voile ce sein que j'idolâtre ;
Cache-moi ce trône d'albâtre,
Le plus beau trône des amours ;
Contre toi , viens à mon secours.
Ah ! malgré le devoir barbare,
L'affreux instant, qui nous sépare,
Peut nous réunir pour toujours....
Mais Dieux ! que vois-je ? C'est toi-même,
C'est toi, qui voles dans mes bras !
Dieux jaloux ! je tiens ce que j'aime :
Tonnez ; je ne vous entends pas.

Les dieux ne tonnèrent point ; car s'ils tonnent, c'est sur le crime, et jamais sur le bonheur : mais l'honneur tonnoit si fortement, qu'il fallut partir, ou plutôt, m'arracher de Paris. Je ne vis rien, dans un espace de cent-cinquante lieues ; et, comme Saint-Preux, je me trouvai dans Avignon, sans être sorti de votre chambre. J'étois trop plein de vous, de toutes les graces, de toutes les vertus ensemble, pour m'y occuper de cette fameuse Jeanne de Naples, dont je n'ai jamais pu plaindre les malheurs; parce que je la trouve encore plus criminelle qu'infortunée. Il falloit, pour donner le change à ma douleur, d'autres sujets de distraction, que des intrigues de papes, et de criminelles amours. Ils m'attendoient à la fontaine de Vaucluse.

Les querelles interminables de l'empire et du sacerdoce, avoient forcé le père de l'ingénieux Pétrarque, de se réfugier, à Avignon, loin de sa patrie ensanglantée. Ainsi la fontaine de Vaucluse, qui coule dans le voisinage de cette ville, doit la célébrité, dont elle jouit, aux fureurs des Guelphes et des Gibelins. Vaucluse est un tableau, en petit, de quelques-unes de ces grandes scènes, que les Alpes et les Pyrénées offrent, dans le genre terrible. C'est une caverne, d'environ cent pieds d'ouverture, au sein de laquelle on parvient, très-difficilement, à un gouffre, dont on a tenté vainement de sonder la profondeur. Ce sont de grandes masses de rochers pittoresques ; c'est une demi-douzaine de cataractes, dont les eaux réunies vont former la rivière de *la Sorgue*. C'est, pour un poëte amoureux, le vrai séjour de l'enthousiasme. Eh bien ! Pétrarque habitoit Vaucluse : la nature s'y montroit à lui, sous une forme imposante ; il y jouissoit de la présence de Laure, et pour la convaincre de la passion, qu'elle lui avoit inspirée, il s'amusoit à faire de l'esprit. De l'esprit ! ah, malheureux !

Qu'on ne me vante plus ta brillante parure.
Un amant me déplaît dans de si beaux atours.
   Je veux moins d'esprit aux amours,
Et plus de négligence à l'aimable nature.
Avec quel sentiment, quelle simplicité,
Aux échos de ces lieux, Tibulle eût fait entendre,
Dans des vers, inspirés par l'amour le plus tendre,
   Les accens de la vérité !
Mais, en peignant l'objet dont il est enchanté,
On devine Pétrarque ; il ne peut se défendre

D'un mouvement de vanité ;
Il aspire à la gloire ; il la poursuit sans cesse ;
Et, dans le nom qu'il chante, il voit, moins sa maîtresse,
Qu'un titre à l'immortalité.

Vous trouverez, dans le recueil de l'académie des inscriptions et belles-lettres, un gros mémoire, sur Pétrarque ; vous y verrez que Laure soupira, quinze ans, pour cet aimable poëte, sans lui accorder la moindre faveur. Je compte publier, quelque jour, un commentaire *in-folio*, sur trois ou quatre vers, *des Canzoni* de Pétrarque ; et ce nouveau *chef-d'œuvre d'un inconnu* rétablira la réputation de Laure, si ridiculement compromise, par M. le baron de la Bastie.

J'eus à peine le temps de me désaltérer, à la fontaine de Vaucluse, et d'y jouir, dans le plus fort de l'été, d'un instant de fraîcheur et de repos. L'escadre de Malte devoit appareiller incessamment, de Marseille ; & je partis pré-

cipitamment pour cette ville. Il n'en est
point, en France, qui mérite autant
d'attention : son origine remonte à la
cent - vingt-cinquième olympiade ; elle
fut fondée, par une colonie de Phocéens,
qui, chassés de l'Ionie, et ensuite de la
Corse, vinrent s'établir sur la côte, la
plus stérile des Gaules. On aime à voir
cette petite république de commerçans,
s'attirer les respects de Rome, de cette
Rome orgueilleuse, qui balayoit, devant
elle, tout ce qui osoit exister, sans sa
permission ; et faisoit retentir, d'un bout
du monde à l'autre, ces mots terribles :
ou la servitude, ou la mort. La devise
des Marseillois étoit bien différente ;
cette devise étoit : *les arts et la liberté*.

Quelle différence prodigieuse d'hommes à hommes, et de nation à nation !
Tandis que tous les arts florissoient, sur
cette côte méridionale des Gaules, qu'*Eu-
thimènes* découvroit, sur celle d'Afrique,
la contrée, d'où l'on tiroit alors la poudre

d'or, et que le célèbre *Pythéas*, contemporain d'Aristote, s'avançoit dans le Nord, jusqu'aux Palus Méotides ; procuroit à Marseille le commerce de l'étain, et de l'ambre jaune, si estimé des anciens ; et y faisoit des calculs, vérifiés, depuis, par les plus grands astronomes ; la barbarie la plus affreuse, habitoit au pied des murs de cette ville ; les dialectes du langage celtique faisoient horreur ; le pontife des Gaulois offroit le gui de chêne, au dieu Theutatès ; et les druides brûloient des hommes, dans des statues d'osier.

Les voilà, ces mortels, dont vous descendez tous,
Français, mortels charmans, nation si polie ;
Vous, que, du Tibre au Tage, on voit avec envie ;
Que chaque peuple fronde, et dont tous sont jaloux.
Contemplez l'homme, en eux ; voyez ce qu'il peut être,
Dans la nuit du mensonge, et de l'illusion.
On ne peut trop sentir, on ne peut trop connoître,
Le danger d'une erreur, et d'une opinion.
Méritez que le jour, qu'alluma la raison,

Levé trop tard sur vous, continue à paroître ;
Un rien peut l'obscurcir. Eh ! ne touchons-nous pas
Aux farces de Pâris ? Des juges, des prélats,
N'alloient-ils pas en foule à ces honteux spectacles ?
Une secte déjà levoit son front hideux ;
Et sans l'ordre prudent, qui mit fin aux miracles,
Les fous de Saint-Médard devenoient dangereux.

A propos de folies ; et quand cet à propos ne revient-il pas ? On sait qu'une juive galante vint jadis, on ne sait comment, de la Palestine, sur des montagnes, qui sont à quelques lieues de Marseille. Qui ne connoît la Sainte-Baume ? qui n'a pas entendu parler des miracles, qui s'y opèrent journellement ? Un des plus avérés, est celui qu'a chanté l'Arioste français :

Un autre ici, d'un lieu si fréquenté,
Vous parleroit peut-être davantage ;
Moi, des beaux-arts à jamais enchanté,
J'aime bien mieux voir, dans l'antiquité,
Marseille libre, industrieuse et sage ;
Que vous offrir, ennuyeux pélerin,

Le

Le roc Pelé du triste Maximin ;
Où, nous dit-on, Madelène la sainte ,
D'un trait du ciel subitement atteinte ,
Dans une grotte , alla se repentir ,
Pendant trente ans , d'un instant de plaisir.
Quoi ! toute seule ! Ah ! mon aimable amie ;
Si le plaisir d'avoir fait un heureux ,
Pouvoit jamais tourmenter votre vie ;
Si vous alliez , au fond d'un antre creux ,
Pleurer un jour le nœud qui nous raffemble ;
Souvenez-vous, que nous péchons tous deux ,
Et qu'il faudra que nous pleurions ensemble.

Mais, comme il ne faut pas pleurer, sans interruption, quand on veut pleurer toujours ; je vous proposerai d'aller, de temps en temps, de la Sainte-Baume, à Marseille, faire de petits pélerinages, à Notre-Dame de la Garde ; où, parmi les innombrables objets d'une vue, également riche et variée, celle du port est étonnante. Quel spectacle, quand on en jouit, pour la première fois, que cette réunion d'un millier de vaisseaux, et le mouvement perpétuel, qu'ils entretiennent autour d'eux ! Je naissois, pour ainsi dire, à ces merveilles de l'industrie humaine. A peine arrivé à Marseille, je me jetai dans le port : affamé de curiosité, je voulois tout voir, tout détailler à la fois ; et cette forêt de mâts et de pavillons ; et ces petits mousses, qui courent dans les manœuvres , comme des écureuils ; et cette fourmillière de porte-faix , dont une ruche est la véritable image ; qui vont et viennent , chargés des diverses productions du globe, comme les abeilles, du suc des fleurs ; et ces matelots , dont les uns, arrivant des extrémités de la terre, distinguent, dans la foule, leurs femmes et leurs enfans, qui leur tendent les bras ; d'autres s'en arrachent, les larmes aux yeux , en les embrassant, pour la dernière fois peut-être ; et le juif, le turc et le chrétien, et toutes les religions du monde ; et dans chacune de ces religions, toutes les sectes qui les divisent, réunies ici, confondues et rapprochées par la chaîne des besoins, la plus forte de toutes ; et ces machines flottantes, qui appareillent, à chaque instant, et sont, à chaque instant, remplacées par d'autres ; qui font, que tous les peuples de l'univers correspondent, si facilement, entr'eux ; et rendroient propres, à chacun, les richesses de tous, sans les crimes de la politique, cette déplorable maladie de nos gouvernemens modernes, qui a remplacé le fanatisme religieux, et dont les effets ne sont guère moins funestes. On l'a dit, et ce sera, j'espère, une énigme pour nos neveux : il n'y a presque plus que des guerres de commerce : des guerres de commerce ! quelle étrange, quelle absurde contradiction !

Bellone vit de pleurs, de sang, et de carnage.
A son horrible aspect, tout fuit épouvanté.
L'Etna, dans ses fureurs, cause moins de ravage ;
Son cri, par les échos rapidement porté,
Est un signal de deuil, pour toute la nature ;

G 2

L'univers en frémit ; et son haleine impure
Frappe le fruit naissant, dans son germe infecté.
Mais lasse de carnage, et de sang assouvie,
A peine elle a rejoint l'enfer qui l'a vomie ;
Quel contraste enchanteur ! le commerce et la paix
Viennent, chargés de dons, et rayonnans d'attraits,
A nos champs désolés rendre l'ame et la vie.
O du couple fidèle, aimable talisman !
De Marseille au grand Caire, au Mexique, à Manille,
Cent peuples, attirés par le plus doux aiman,
N'ont formé tout-à-coup qu'une grande famille.
Voyez comme chacun sait trouver son appui
Dans les besoins de tous ! insensés que nous sommes !
Ah ! si pour être heureux, il faut servir autrui ;
Si leur seul intérêt peut rapprocher les hommes ;
Plus sages désormais, ne consultons que lui.

LETTRE IX.

L'ESCADRE de Malte avoit ordre de toucher à Gênes, en sortant de la rade de Marseille.

Quels changemens apporte sur la terre, cette roue du destin, qui tourne d'un mouvement irrésistible ! Jetez les yeux vers l'Euphrate, à l'autre extrémité de cette mer, qui baigne la côte de Gênes. Contemplez ces huttes, qui s'élèvent, çà et là , au milieu des grandes ruines de Palmyre , et des colonnes brisées du temple du soleil, et du palais de Zénobie. Revenez ensuite sur vos pas : voyez la superbe Venise , occuper la place de quelques cabanes de pêcheurs , et Gênes étaler ses palais de marbre sur le même sol , où Florus nous représente les Ligu-riens , ensevelis dans des cavernes , et

G 3

vivant de rapine et de brigandage. Il est malheureusement trop certain que, dans le choc des élémens, et la chûte des empires, les uns sur les autres, Venise et Gênes seront un jour, ce que sont, depuis des siècles, Héliopolis et Palmyre. O chefs-d'œuvre de la puissance, et de l'industrie des hommes, voilà donc votre sort ! Le sang du grand Odénat, et de son illustre et infortunée compagne, coule probablement aujourd'hui, dans les veines de quelques esclaves de Syrie ; et les voleurs de la Ligurie, et les pêcheurs du Rialto, sont les ancêtres de ces nobles, si vains pourtant de leur origine.

> C'est ainsi que la main du temps
> Ou décompose, ou modifie,
> De tant de scènes, qu'il varie,
> Les innombrables élémens.
> Le temps, dans la même poussière,
> Confond le trône et la chaumière,
> Réunit le pâtre et le roi.
> Hélas ! sur le globe, où nous sommes,

On ne laisse rien , après soi ;
Que le bien , qu'on a fait aux hommes.

Vous savez que l'aristocratie, proprement dite, ne diffère de la monarchie absolue, qu'en ce que la puissance souveraine réside dans plusieurs, au lieu d'être concentrée dans un seul. Il résulte, de cette affinité des deux gouvernemens, qu'il n'y a guère plus de liberté, dans l'un, que dans l'autre. Elle ne peut exister que par l'égalité des contre-poids ; et le peuple n'est rien, là, où il n'a aucune influence. La banque de Saint-George en donne une très-marquée à celui de Gênes. Le pouvoir des nobles y est contenu dans de justes bornes, par cette compagnie de commerce, qui, parvenue à lier le sort de la république au sien, est administrée par des magistrats, indépendans du grand conseil, et gouvernée par des loix, qu'elle établit et abroge à volonté. Voilà une des causes principales, et la première, peut-être, de la prospérité de ce petit état.

On voit à Gênes, une statue, érigée à Christophe Colomb. Ce fils d'un cardeur de laine, de *Cogureto*, ne fut-il pas plus noble, que tous les nobles de Gênes et de Venise ensemble ? Ah ! si ce grand homme avoit pu prévoir combien ses découvertes seroient funestes à l'humanité, il étoit assez vertueux, pour sacrifier l'intérêt de sa gloire à celui du genre humain ; et pour laisser le monde dans l'erreur, où il étoit entretenu, depuis près de huit siècles, par la fameuse décision d'un pape.

De l'infaillible Zacharie
On connoît la décision :
Des Antipodes, comme impie,
Il condamna l'opinion.
Hélas ! il existoit, ce nouvel hémisphère ;
S'il vit anéantir ses peuples éperdus,
Il dévore, aujourd'hui, son tyran sanguinaire ;
Encore un monde, et le nôtre n'est plus.

Ce monde n'étoit pas un problême, pour moi, il y a quelques années. La physique et la géographie sembloient se réunir, pour me démontrer l'existence d'un continent austral. Je jetois les yeux sur une mappemonde. Je voyois les deux hémisphères, coupés par l'équateur; et je ne trouvois pas vraisemblable, qu'il n'y eût qu'un continent de cent-vingt degrés, contre un océan de deux cents quarante. Comment expliquer d'ailleurs l'équilibre du globe, dans son mouvement de rotation, si une large bande de terre ne faisoit pas contre-poids avec sa partie septentrionale ? A ces raisons, qui me paroissoient sans replique, se joignoient les découvertes, au sud de l'équateur: mais le capitaine Cook publia les siennes, et le continent austral disparut à mes yeux. Je m'en console; il n'auroit pu échapper à l'insatiable avidité des Européens; et à juger de ses habitans, par ceux de quelques îles de la mer du

Sud, la terreur les auroit subjugués aussi facilement, qu'elle subjugua les Américains. Quel aimable peuple que celui d'Othaïti! sous quel gouvernement équitable trouveroit - on des hommes meilleurs ?

Heureux enfans de la nature,
Ils n'ont d'autres goûts que les siens.
La paix, des fruits, une onde pure,
La liberté, voilà leurs biens.
Sous un climat doux et tranquille,
La voûte du ciel est leur dais ;
L'ombre des forêts leur asyle ;
Un toit de roseaux, leurs palais.
C'est là, qu'on jouit sans contrainte ;
Qu'on vit, sans soins, sans embarras ;
Et que, dans la nuit du trépas ,
On va se reposer sans crainte.
Peuple si bon, peuple si doux ,
Quel sort t'est destiné peut-être !
Trop souvent visité par nous,
Tu pourras, un jour, nous connoître.
Nos dogmes sont si consolans !
Notre politique est si sage !

> Tu sentiras tout l'avantage
> D'obéir à des hommes blancs.

Vous me direz, sans doute, qu'il y a un peu loin, de Gênes aux terres australes, et vous aurez raison. Je vous demande pardon de cet écart. Un bel esprit chercheroit une transition ingénieuse, pour vous ramener à Gênes ; et m'y voilà tout simplement de retour, quelque temps avant la dernière révolution en Corse. Je n'oublierai jamais un dialogue, très-plaisant, dont je fus témoin, entre une génoise, pleine d'esprit et de graces, et son mari, de tous les nobles Génois, le plus superbe, et le plus infatué du titre de roi de Corse. Madame, lui disois-je, après une suite de galanteries ; si vous étiez née, du temps de votre Thomassine Spinola, je doute qu'on eût tant parlé d'elle. Cette belle génoise devint folle de Louis XII ; il le seroit devenu de vous. Ah ! monsieur, me répondit-elle, en regardant son mari d'un air malin: Louis XII auroit eu un grand défaut, à mes yeux; il étoit roi. Oui, repliquai-je, mais il étoit bon. M. le chevalier, interrompit le mari, il faut que vous sachiez que madame a le titre de roi en horreur; et qu'elle ne pardonneroit pas, aux rebelles de Corse, de rentrer dans l'obéissance qu'ils nous doivent. Obéissance! obéissance! reprit-elle à son tour : voilà toujours le mot, que les rois ont à la bouche. Les Corses ne veulent obéir, qu'à la justice; et ce n'est pas chez vous qu'ils l'ont trouvée. Vous avez traité, en esclaves, des hommes libres, qui vous avoient fait l'honneur de se mettre sous votre protection. Vos vexations éternelles n'ont que trop anéanti le contrat, par lequel ils s'étoient donnés à vous. A cette raison, sans replique pour les sages, mais qui n'en est pas une pour les rois, les Corses en joignent une autre, la seule que les rois entendent, ils vous battent. Quant à moi, qui ne peux m'empêcher de rire, en voyant ma couronne chanceler sur mon front, j'avoue, ajouta-t-elle, de cet air, dont on persiffle, dans tous les pays du monde, que si je n'avois pas épousé, à dix-huit ans, le plus grand politique de l'Europe, je me serois embarquée, à vingt, pour la Corse; j'aurois fait au législateur de cette île, à son défenseur, au respectable Paoli, les avances que Thomassine Spinola fit à Louis XII; et la Corse, qui a son Alexandre, auroit eu sa Talestris. Un jeune anglois s'approcha, comme elle prononçoit ces derniers mots. Les yeux de la belle génoise, qu'enflammoit une ardeur martiale, s'animèrent, d'un feu plus doux; je m'en apperçus, et lui dis à l'oreille : Cet anglois est pourtant un roi : elle rougit; et la conversation changea d'objet.

Gênes est, de toutes les villes d'Italie, celle, où j'ai vu le plus de Sigisbés,

Ces Sigisbés ne sont pas une des moindres preuves de l'inconséquence de l'esprit humain. Qui le croiroit, madame? Ce fut la jalousie qui les institua.

Cette Mégère, à l'œil sombre, au teint blême ;
Toujours en proie aux soupçons dévorans,
Dans les filets, qu'elle tend aux amans,
Grace à l'amour, s'embarrasse elle-même.
Vous connoissez l'histoire de Vulcain.
Mais les Vulcains de l'heureuse Italie,
Gens raffinés en fait de jalousie,
A moindres frais, constatent leur destin.
Le fatal oui, ce vœu si téméraire
D'aimer toujours, qui ne peut toujours plaire ;
Ce vain serment, à peine est prononcé ;
Qu'un jeune objet galant, doux, empressé,
Tendre gardien de l'épouse nouvelle,
A ce roseau prête un appui fidèle.
Flatter ses goûts ; amuser ses loisirs ;
La consoler, au sein de la retraite ;
Etre attentif à ses moindres desirs ;
Et le matin, le soir, à sa toilette,
Lui présenter la coupe des plaisirs ;
Tel est, du Tibre, aux bornes de la France,
Du Sigisbé le fortuné devoir.

Tandis que , plein d'une noble assurance ;
L'Argus voit tout , ou , du moins , croit tout voir ;
Le jeune ami , sous un dehors timide ,
Voile à ses yeux sa flamme et son bonheur ;
Et de Mercure , heureux imitateur ,
L'endort , au sein d'une amitié perfide.

Après vous avoir peint les Sigisbés , avec les ornemens de la poésie, je vous dirai, franchement, en prose , que ce sont des êtres insupportables. S'ils font les maris ce que vous savez, ces messieurs le trouvent bon, et moi aussi ; mais ce que je voudrois vous faire comprendre, et ce qui passe toute expression , c'est la constance, avec laquelle ils désolent un malheureux étranger. Au spectacle , à l'église, à la promenade, dans les cercles , en tout temps, en tous lieux, ils veillent leurs dames, avec l'assiduité des eunuques, aux portes du serrail. On diroit que leur objet est , moins de jouir, que de nuire. Ma charmante génoise définissoit le sigisbé : une chenille , qui ronge les

feuilles de la rose, et ne laisse que l'é-
pine, à qui veut prendre la peine de la
cueillir. Pour moi, qui avoit laissé, en
France, la seule fleur, qui pût me tenter,
je m'apperçus, à peine, de l'importunité
des Sigisbés. J'avois vu et fait, à Gênes,
tout ce qui pouvoit me plaire; et je mis
à la voile , pour l'Espagne , sans le
moindre regret.

LETTRE X.

Nous croisâmes, quelques jours, sur
les côtes d'Espagne; j'en employai un,
tout entier , à écouter patiemment les
contes, à dormir debout, d'un vieux
commandeur espagnol. Il avoit entrepris de me prouver, qu'il étoit le premier
homme du monde , et sa nation, la
première du continent : je le laissois
prouver, tout ce qu'il vouloit; mais,
comme

comme il lui échappa quelques mots piquans, sur la nation française : M. le commandeur, lui dis-je, j'oserai, quoique très-jeune, vous donner un conseil : Quand on conserve le caractère de ces peuples paresseux, dont l'abréviateur de Trogues Pompée, disoit qu'ils aimeroient mieux perdre la vie, que la gravité ; quand on file, pour le profit des autres nations, les laines d'Andalousie, le lin, le chanvre, et les soies de Valence ; quand on laisse dans l'engourdissement un des plus beaux pays de la nature ; quand on transplante, dans le nouveau monde, des milliers d'hommes, trop nécessaires à celui qu'on habite ; quand on a mérité d'être comparé à cet imbécille roi de Phrygie, qui demanda aux dieux, que tout ce qu'il toucheroit se changeât en or ; quand on est, comme tributaire des peuples, qu'on a conquis, et qu'on puise la misère, aux sources même de la richesse ; quand, à la plus mauvaise politique, en tout genre, on joint cet orgueil national, dont les effets sont si funestes ; enfin, quand des professeurs de mensonge font, entre les mains d'un inquisiteur ignorant, le vœu, si fidèlement accompli, de renoncer au sens commun ; quand cet inquisiteur sacrifie des hommes, à l'entretien de la foi ; que le roi du pays assiste, pour la plus grande édification du peuple, à ces fêtes de Cannibales, et qu'il souffre même qu'on y jette, dans les flammes, une palette de son sang, on a tort de se croire la première nation de l'univers.

Mon vieux Espagnol avoit été malhonnête, et je ne lui devois que des sarcasmes. Mais je dirai à mon amie, un des meilleurs esprits que je connoisse : quelle nation n'a pas eu ses momens d'éclipse et de langueur ? quel peuple n'a pas à se reprocher de grands excès ? La France n'a-t-elle pas eu sa Saint-

Barthelemi ? l'Angleterre, sa conjuration des poudres ? l'Irlande, son massacre ? la Hollande, ses gomaristes et ses arminiens ? tous ensemble, beaucoup d'ignorance, et des préjugés, plus ou moins funestes ? Qu'on éclaire l'Espagnol ; qu'on dissipe les ténèbres, qui l'environnent ; qu'on dirige, vers un but utile, son caractère noble, magnanime, naturellement porté à ce qui est élevé, et gigantesque ; qu'on introduise en Espagne la liberté civile et politique, et cette belle contrée ne tardera pas à devenir un objet d'admiration.

Parlez-moi, m'écriviez-vous dernièrement, *de cet Espagnol si fier, avec quelques raisons de l'être un peu moins.* Mais, madame, quand la foi punique, et le plus infame machiavelisme, sont l'ame de presque tous les cabinets de l'Europe, la fidélité de l'Espagnol, à remplir ses engagemens, ne doit-elle pas lui inspirer une noble fierté ? la fierté

ne seroit-elle point inséparable d'un caractère de loyauté, si parfaitement établi ? et ne pensez-vous pas qu'il y a bien
de la grandeur à en imposer, par sa
morale, à la nation même, qui la respecte le moins, et dont la perversité,
en politique, n'est que trop connue.

Ajoutons, à l'honneur de ce vertueux
gouvernement, qu'à l'exception du coup
de massue, dont il a cru devoir écraser
les jésuites, il met, dans la conduite des
affaires intérieures du royaume, la pro-
bité, qui le dirige, dans ses relations
externes. Je sais que l'Espagne pourroit
être mieux administrée ; que le souverain d'une des plus riches, des plus
fertiles contrées de l'Europe, le posses-
seur de tant de mines d'or, devroit en
avoir assez, pour maintenir le systême
politique dans un équilibre parfait ; et,
de concert avec la France, ne pas souf-
frir la moindre oscillation, dans la balance de l'Europe ; je fais, peut-être,

une partie de ce que l'Espagne devroit faire ; mais je regarde, autour d'elle ; et je vois, presque par-tout, des sujets de reproche, encore plus graves. En France, des déprédations honteuses , d'affreux brigandages d'argent ; l'excès du mal, enfin, si, contre mon attente, le plus grand des biens ne devoit pas en résulter ; en Angleterre, une dette, qui surpasse son numéraire ; et ce qui est pire, le pouvoir exécutif corrompant, et la puissance législative corrompue ; en Allemagne, des légions de soldats, qui la dévorent ; en Italie, une vermine, qui la-dessèche ; en Hollande, un stadhouder, et plus de patrie ; par-tout, enfin, une foule d'impôts, dont la seule nomenclature est une étude ; par-tout, les muscles des grands corps politiques, dans une tension, plus ou moins cruelle. Au milieu de ces convulsions générales, je vois l'Espagne calme, tranquille et modérée : elle procède avec prudence et

mesure; ses flottes sont sur un pied respectable; je la vois, sinon dans une
abondance, qui pourroit lui procurer
plus de gloire, du moins dans cet état
d'aisance, dont les nations, comme les
individus, abusent moins facilement que
des richesses. De toutes les situations,
ne seroit-ce point la plus desirable,
puisqu'elle semble faire une loi de la
modération? Douce et précieuse vertu!
ah! vous êtes comme l'innocence, dont
on ne parle guère, parce qu'elle ne fait
pas de bruit; mais vous n'en êtes pas
moins la première vertu du sage, et,
dans un souverain, le gage le plus assuré
de la félicité publique.

On dit que ce héros, ce rapide vainqueur,
Qui triompha deux fois, dans les plaines d'Arbelles,
Courbé sous un fardeau de palmes immortelles,
Par aventure, un jour, descendit dans son cœur;
Et dit en soupirant : Dieux! je commence à croire,
Que le bonheur n'est pas au temple de mémoire;
Qu'on le trouve encor moins, dans les maux que je fais;

Et que tout ce fracas, de triomphe et de gloire,
Qui précède, et qui suit le char de la victoire,
Ne vaut pas un jour pur, dans le sein de la paix.

Vous savez, que l'Europe catholique doit à l'Espagne, d'avoir sonné le toc-sin, contre les jésuites : je suis loin d'approuver la conduite de son gouver-nement, dans la manière, dont il a ex-pulsé ces infortunés. Malheur aux états, où le citoyen est condamné, sans être entendu ; où le suprême magiftrat peut violer le droit des gens, et garder, dans son *cœur royal*, les motifs de cette vio-lation cruelle. Sans doute, il falloit, ou réformer, ou chasser les jésuites, puis-qu'ils faisoient un état, dans l'état ; mais, avant tout, il falloit que la loi, et la loi seule, prononçât sur leurs délits, ou sur les dangers de leur existence politique. Quoi qu'il en soit, l'Espagne a du moins prouvé aux administrateurs des empires, que ces obstacles religieux, qui semblent s'opposer au bien, que l'homme d'état voudroit faire aux hommes, ne sont, et ne peuvent être redoutables, qu'à la foiblesse : ces fantômes s'évanouissent toujours, devant l'homme de génie.

De Rome au Paraguai, du Bœtis à la Seine,
D'un fanatique obscur, les enfans orgueilleux,
Conduisoient, attachés par d'invisibles nœuds,
Les peuples et les rois, étonnés de leur chaîne.
De ces prêtres hardis, audacieux, pervers,
Le trône étoit à Rome; et c'étoit l'arche sainte,
Où se régloit le sort du crédule univers;
Que l'on n'osoit toucher, que précédoit la crainte;
Et d'où sortoit la mort, sous cent aspects divers.
L'orgueil avoit fondé ce redoutable empire;
D'un hémisphère à l'autre, il bravoit le destin;
Un instant le renverse; on souffle le matin,
Sur ce géant superbe; et, le soir, il expire.

Je me rappelle une belle réponse du père Fuentès. La flotille, qui portoit les jésuites, d'Espagne en Italie, fut retenue, par un long calme, devant le port de Bastia. Le comte de Marbœuf, ayant appris que le père Fuentès, vieux et infirme, étoit sur un des vaisseaux, envoya lui offrir tous les secours, qui pouvoient dépendre de lui. Dites à votre général, répondit le fier Espagnol, que si les offres, qu'il me fait, s'adressent à un homme de la maison de Fuentès, je les refuse; et que je les accepte, avec reconnoissance, si ces offres sont faites au jésuite, lâchement persécuté, à une des innocentes victimes de la tyrannie espagnole. Cela, si je ne me trompe, est fait pour plaire à tout le monde.

On a chassé les renards de l'Espagne; et non-seulement on y souffre des loups, mais encore, qu'ils s'y nourrissent de chair humaine. Si j'avois été ministre, en Angleterre, en 1762, époque si funeste pour l'Espagne, où l'Angleterre pouvoit abuser de tous les droits de la victoire; j'aurois proposé, à sa majesté britannique, de s'immortaliser, à l'exemple de Gélon, roi de Syracuse, qui ne voulut accorder la paix, aux Carthaginois, qu'à condition qu'ils aboliroient, chez eux , la coutume d'immoler des enfans, à Saturne ; j'aurois proposé que l'extinction de l'affreux tribunal de l'inquisition, fût le premier article du traité de paix ; j'aurois voulu, qu'il ne manquât rien , à la gloire du nom anglois. Vains desirs de l'être sensible et bon ! Il ne faut pas espérer, que la philosophie soit jamais substituée, dans le conseil des rois, aux fausses combinaisons de la politique ; et que, dans les traités, de peuple à peuple, il soit fait de semblables stipulations, en faveur de l'humanité.

Assez de voix célèbres se sont élevées contre cet infame tribunal, qui a porté, dans le nouveau monde, l'horreur et le mépris du nom chrétien.

Ce fut d'abord le grand saint Dominique,
Qui fut chargé , par l'église de Dieu,
D'exterminer , de poursuivre , en tout lieu,
Des Albigeois la cohorte hérétique ;

Et , sur les toits de leurs maisons en feu,

De déployer l'étendard catholique ,

Que ces Vaudois respectoient assez peu.

Ensuite vint la horde jésuitique,

Qui , plus habile encor que fanatique ,

Sur les bûchers plus d'une fois souffla ;

Sans se montrer, souvent les alluma ;

Et fit servir , de Lisbonne à Goa ,

A sa profonde et vaste politique ,

Ces feux d'enfer , ce tribunal inique ,

Trop fait pour plaire au sombre Loyola.

Je suppose que , dans cinq ou six mille ans, un homme de lettres veuille peindre, à ses contemporains, cet espace de temps, qui s'est écoulé , depuis les Médicis jusqu'à nous ; et que, dans un transport d'admiration, il s'écrie :

Où sont ces jours féconds en miracles divers ,

Où le Tasse élevoit sa voix douce et brillante ?

    Où Michel-Ange , et le Bramante ,

De leur hardi chef-d'œuvre étonnoient l'univers ?

Où peignoit le corrège ? où Racine et Molière

    A Despréaux lisoient leurs vers ?

Où Pope et Montesquieu soupoient avec Voltaire ?

Où Leibnitz envoyoit un problême à **Newton** ?
Où Londres eut Garrick, et la France Clairon ?
Où parut l'encyclopédie,
Cet immense dépôt de la philosophie,
Des beaux-arts, de tous les talens ?
Où la nature, enfin, mit le comble à sa gloire,
A ses bienfaits, à ses présens,
En produisant Buffon, pour faire son histoire ?
Par ces brillans portraits, je ne suis point séduit,
Répondra quelque sage, hélas ! trop bien instruit :
Ou cet éloge est faux, ou l'histoire est trompeuse.
Cet âge prétendu de gloire et de bonheur,
De l'inquisition est l'époque honteuse ;
Et, comme elle, à jamais, doit inspirer l'horreur.

Au moment, où j'écris ces vers, on publie que le monstre de l'inquisition vient d'être enchaîné, en Espagne ; qu'on lui a coupé les griffes, et arraché les dents. Graces en soient rendues à cette bienfaisante philosophie, qui, de proche en proche, fera le tour du globe. Quoi qu'il en soit de cette grande nouvelle, trop grande, sans doute, pour être accueillie légèrement, le monstre, à l'époque de mon séjour en Espagne, y déployoit encore toutes ses fureurs : nous apprîmes même qu'un malheureux juif devoit être livré aux flammes, dans le prochain *auto-dafe*. N'y auroit-il pas moyen, disoient entr'eux, nos plus jeunes caravanistes, de sauver cette victime infortunée ? Si nous brûlions, dans leur repaire, ces faiseurs d'actes de foi, ne ferions-nous pas un acte de justice ? De demandes en demandes, et de réflexions en réflexions, je ne sais trop ce que seroient devenus les dominicains de Barcelone, sans le coup de canon de Partance, qui nous avertit qu'on appareilloit pour la Sardaigne.

LETTRE XI.

A l'instant, où la mort vous frappe, disoit Martial, habiteriez-vous les délicieuses campagnes de Tibur ? vous respirez l'air empesté de la Sardaigne. Ainsi, dès le temps de Martial, la Sardaigne étoit regardée comme un tombeau ; la Sardaigne, et la mort, étoient synonymes. On ne se ressouvenoit déjà plus que cette île avoit été florissante, par les soins de ce jeune Aristée, qui forme un si charmant épisode, dans le poëme des géorgiques : on se douteroit encore moins aujourd'hui, qu'elle se vit l'objet des plus tendres affections d'un demi-dieu, fils d'Apollon et de la nymphe Cyrenne ; que Mercure reçut, dans ses bras, au moment de sa naissance ; que les heures, ces portières du ciel, mirent sur leurs genoux; et qui fut nourri de nectar et d'ambrosie. Pour vous prouver, en passant, que je sais l'histoire, j'ajouterai que Pausanias enlève à Aristée, la gloire d'avoir cultivé la Sardaigne, et la donne à un certain Jolas, neveu d'Hercule; et je citerai, en conséquence, le chapitre dix-sept de ses Phociques. Mais je crois déjà vous entendre dire : Toutes les origines du monde ne m'intéressent guère, à commencer par la mienne; et je fais bien peu de cas de l'érudition. L'érudition; me disiez-vous un jour ! est-ce ma faute, si elle se présente toujours, à ma pensée, sous la figure d'une femme, pâle et sèche, armée, nuit et jour, d'un long levier, dont elle se sert pour soulever des plumes ? que m'importent ces plumes et ce levier ? que vous importe ? Ah ! j'en conviens, de bonne foi. Mais on aura compilé, à grands frais, des textes de divers auteurs, sur un fait très-indifférent ; et vous voudriez qu'on perdît le fruit de sa peine ! mais on auroit de l'érudition, et on n'en feroit pas étalage !

On m'avoit dit, qu'il existoit, au centre de la Sardaigne, quelques traits de cet état primitif de l'homme, peint, avec tant d'énergie, dans le discours, sur l'origine de l'inégalité des conditions : on m'avoit assuré, qu'au moral, et au physique, la nature y méritoit toute l'attention du philosophe. Il n'en falloit pas tant, pour exciter vivement ma curiosité. je pars donc ; et, malgré les représentations du vice-roi, sur la fatigue, et les dangers de cette incursion, j'ai le courage, ou pour mieux dire, la témérité de m'enfoncer, dans l'intérieur des terres.

Je suis saisi d'abord de ce vaste silence,
Qui dut régner, alors que dans la nuit des temps,
Le chaos, dans son sein, portoit les élémens.
Je cherchois des pas d'homme ; et ce désert immense
M'offre

M'offre des animaux, l'un sur l'autre expirans ;

Sur des arbres rompus, d'autres arbres tombans ;

Des germes étouffés ; et cette foule impure

D'insectes venimeux, de poisons dévorans,

Dont Circé composoit ses noirs enchantemens.

Je vais surprendre, au fond de sa caverne obscure,

Le farouche habitant de ces bords dangereux ;

J'en suis épouvanté : du Cannibale affreux

Je crois voir, à la fois, les mœurs et la figure.

Voilà donc tes enfans ! voilà donc ton berceau !

O mère auguste et tendre ! adorable nature !

Ton berceau ! Qu'ai-je dit ? quelle horrible imposture !

De la nature, en tout, cette île est le tombeau.

Cette peinture seroit fausse, ou du moins exagérée, dans les environs de Cagliari ; mais elle paroîtra fidelle, à l'observateur, assez hardi, pour pénétrer au centre de la Sardaigne. Je préviens, seulement, qu'il n'existe pas un plus triste objet de curiosité.

Si le Sarde, de l'intérieur de l'île, est sauvage et féroce, les mœurs de la capitale sont un composé monstrueux de superstition, de bigotisme, et de libertinage. En voici un échantillon. La Sardaigne, telle que je viens de vous la peindre, alloit prendre, aux yeux d'un de nos caravanistes, tous les charmes de l'île de Calypso : il avoit passionné une jeune femme de Cagliari, la première par son rang, et sur-tout par sa beauté. Malheureusement pour le moderne Télémaque, il n'avoit pas, à beaucoup près, pour la Minerve des catholiques, le respect du fils d'Ulysse, pour la Minerve des païens. Il avoit eu la mal-adresse de plaisanter son Eucharis, sur un gros chapelet, qu'elle portoit, pendu à sa ceinture ; elle s'en ressouvint, dans un de ces momens, où, pour l'ordinaire, on oublie tout, en s'oubliant soi-même. Sainte Vierge ! s'écria-t-elle tout-à-coup, en se dérobant à ses transports, que faites-vous ? et qu'allois-je faire ? A la bonne heure, encore, si vous étiez plus dévot à la Vierge.

Les frais de gouvernement, et d'ad-

ministration , coûtent, au roi de Sardaigne, environ trois cents mille livres ,
au-delà de ce qu'il retire de cette île. Les
Piémontois trouvent que c'est payer, bien
cher , le vain titre de roi. Et peut-être, en
effet , dans le systéme d'une sage politique , seroit-il assez difficile de justifier
ce calcul de la vanité , dans un prince ,
dont les revenus s'élèvent à moins de
trente millions.

LETTRE XII.

QUI l'eût dit , avant que Charles-
Quint fit, aux chevaliers de Rhodes ,
le médiocre présent de Malte , que
c'étoit, sur ce point imperceptible, que
la liberté devoit élever un trône inébranlable, entre les Barbares, qui occupent
aujourd'hui l'ancienne Numidie , et les
esclaves, qui habitent l'Asie mineure ?

Qu'importe, que Malte ne soit qu'un rocher, de vingt lieues de circonférence? Un philosophe a dit, avant moi, que la république des abeilles n'est pas moins intéressante, aux yeux du sage, que l'histoire des grands empires. Qui ne sait, d'ailleurs, que l'ordre de Malte a soutenu trois siéges, à jamais mémorables, contre toutes les forces de l'empire ottoman ; et que trois Français étoient, alors, à la tête de cet illustre monastère de guerriers ? C'est ici, qu'il faut admirer les effets d'une sage administration. Quand l'ordre prit possession de cette île, que la politique et la fierté de Charles-Quint lui firent tant acheter, il n'y trouva que quelques hameaux, dispersés çà et là, sur des roches stériles. Aujourd'hui, deux grandes cités la décorent : elle est couverte de jolis villages, de belles maisons de campagne, et d'une population étonnante, signe le moins équivoque sur un rocher, tel que

Malte , du bonheur des hommes , et de la douceur du gouvernement. Vingt-cinq mille habitans y sont toujours prêts à prendre les armes , au premier signal. Cette petite île est une preuve frappante, de ce que peuvent l'industrie et l'acti-vité , quand elles ne sont , ni gênées , par des loix prohibitives ; ni tourmen-tées , par d'absurdes administrateurs : ces deux agens des peuples heureux , sont parvenus à féconder le rocher de Malte : broyé à deux et trois pieds de profondeur, il produit des légumes excellens; des arbres fruitiers, de toute espèce; des oranges , dont ont fait un commerce considérable ; du raisin , de l'orge, et le coton le plus estimé de la terre. N'oublions pas d'observer que, si la nature , forcée, à Malte , par d'infatigables cultivateurs , les dédom-mage de leurs travaux, le gouvernement n'en partage point le fruit avec eux : l'exemption de toute espèce d'impôts , achève d'embellir ces rochers, aux yeux de leurs possesseurs. Ce que le Maltois cueille est à lui, à sa femme, à ses enfans ; et n'est point dévoré, d'avance, par l'impitoyable publicain ; enfin, cette colonie d'Arabes, forme, peut-être, un des tableaux politiques les plus curieux de la terre : tableau que Lycurgue eût admiré, et qui n'est pas assez connu.

O mes confrères généreux !
Nobles membres d'un corps illustre,
Vous rendez le Maltois heureux ;
Et c'est-là votre plus beau lustre.
Oui, je veux offrir, quelque jour,
Aux yeux de l'Europe étonnée,
Cette peuplade fortunée,
Que la bienfaisance et l'amour
A vos loix avoient destinée.
Je veux qu'au bout de l'univers,
On respecte ce coin de terre,
Où le sujet marche sans fers,
Et le souverain sans tonnerre.
On verra la simplicité,
De ce chef-d'œuvre politique,

Dont la base est l'égalité ;

Dont la justice et la bonté ,

Font mouvoir le ressort unique.

Dans son style , un peu trop diffus

Vertot, fur nos remparts en cendre,

A célébré les Alexandre ;

Et moi je peindrai les Titus.

Tout ce qu'il vous plaira , diroit ici l'aimable chantre des jardins , et le traducteur élégant des géorgiques. Le moyen d'être heureux , le moyen d'avoir de bonnes loix , sur un bloc de pierre blanche , dont la réverbération est suffoquante , et dont ma foible vue ne pouvoit supporter l'éclat ! J'avoue que je n'y ai passé que deux jours ; mais c'en est encore trop pour cette constitution bizarre, « où, graces aux commanderies » que donne le grand-maître , l'esprit » militaire se perd dans l'esprit d'in- » trigue, où la politesse de la cheva- » lerie moderne conserve, en partie, » la barbarie monacale ; où, sans aucun

» des vieux préjugés, on est pourtant
» ennemi juré de quiconque n'est pas
» baptisé ; où l'on persécute par état,
» et par tradition ; où la pauvreté a,
» pour patrimoine, des biens immenses,
» et le célibat, toute une ville pour ser-
» rail..... enfin, où la seule école d'hé-
» roïsme, qui existe aujourd'hui, est une
» fondation contre l'humanité. »

Tout cela peut passer, dans une lettre à une jolie femme ; mais il ne faut pas que cette jolie femme croie ajouter à la célébrité de son ami, en livrant, au grand jour, des épigrammes si peu réfléchies.

Je demanderois à M. l'abbé de Lille, ce qu'il trouve de bizarre, dans une constitution, où la loi règne seule, et où la loi est juste ; où l'intérêt particulier se trouve lié si heureusement à l'intérêt général, que chaque individu, même en le supposant dénué de tout esprit public, seroit encore, malgré

Jui, le bienfaiteur de tous ; où je trou-
verois une patrie heureuse et tranquille,
si la destinée m'en avoit refusé une ;
enfin., et voilà le grand objet des cons-
titutions les plus sages, où, citoyen de
l'état le plus libre, qui ait existé, qui
puisse exister peut-être, je suis assuré
d'y jouir en paix de mes droits d'homme,
et de ne voir jamais, au-dessus de moi,
que cette loi respectable, sans laquelle
il n'y a ni liberté, ni sûreté, ni propriété.

Le grand-maître donne une commanderie, tous les cinq ans, dans chacun
des prieurés, qui composent l'ordre de
Malte ; il nomme au généralat, et au
commandement des galères ; il donne
les petits gouvernemens de Malte, et
du Goze : la distribution de quelques
pensions, et des grandes-croix, est encore un des attributs de sa prérogative.
Il y a donc de petites intrigues, à Malte,
comme il y en eut, chez les Grecs, et

chez les Romains ; comme il y en a ,
dans cette Suisse même , l'asyle des
bonnes mœurs , et des bonnes loix ;
comme il y en a, dans ces comtés d'Angleterre, où le peuple élit ses représentans ; comme il en existe, par-tout, où
il y a une élection à faire, des distinc-
tions à donner, et des graces à recevoir.
Mais quel déclamateur imbécille, a pu
dire à M. l'abbé de Lille, et comment
a-t-il pu répéter, que l'esprit militaire se
perdoit , à Malte , dans l'esprit d'intrigue ? où sont les preuves de cette
scandaleuse assertion ? dans quelle circonstance , dans quelle rencontre, l'honneur du pavillon maltois a-t-il souffert
la plus légère atteinte ? ce pavillon ne
fait-il pas toujours trembler les forbans
de la Barbarie ? cessons - nous d'être
armés contre eux ? est-ce notre faute ,
s'ils nous évitent avec autant de soin
que nous les cherchons ? est-ce notre
faute, si , bornés à de foibles moyens

d'attaque , nous nous consumons, en vain , pour servir des puissances, dont la jalousie réciproque , fournit sans cesse des armes à ces Barbares, et de nouveaux alimens à leur rapacité.

Si j'avois moins de respect pour les grands talens de M. l'abbé de Lille , je dirois, qu'il faut être bien possédé de la manie de faire des phrases , pour appeller l'ordre de Malte , une fondation contre l'humanité. On sait que nous devons le jour, à la folie des croisades, et que notre institution remonte à l'époque de cette grande et funeste maladie de l'Europe; mais on sait aussi, que son premier objet fut la première des vertus, l'hospitalité; et que son objet actuel, est de protéger le commerce du Levant, contre ces écumeurs de mer, dont l'existence est un vrai reproche, pour le nom chrétien. C'est Tunis, Alger et Tripoli, qui sont des institutions contre l'humanité ; et nous en sommes les bienfaiteurs, nous, qui perpétuellement armés, pour la défendre, ne voyons d'autre alternative, dans cette chasse aux tigres, que la victoire ou la mort.

M. l'abbé, j'ignore si vous avez visité notre superbe hôpital : il se peut que vous ne l'ayez pas jugé digne de votre attention. Cependant la vérité pourroit écrire, sur la porte, ce beau vers de Mérope :

Il suffit qu'il soit homme et qu'il soit malheureux.

Tout malade, qui s'y présente, devient un être sacré pour nous ; on ne s'informe jamais, de ce qu'il pense, mais de ce qu'il souffre ; on lui prodigue les soins de l'humanité la plus tendre, la plus éclairée ; et cette prétendue fondation contre l'humanité, se trouve précisément être la seule, sur la terre, qui embrasse l'humanité, dans le systême d'une bienveillance universelle. Pardon, M. l'abbé ; j'aime la philosophie, autant que vous ;

mais elle a ses déclamateurs ; et vous avez trop d'esprit et de lumières, pour en augmenter le nombre.

Notre pauvreté, dites-vous, a, pour patrimoine, des biens immenses. Cette antithèse seroit jolie, si elle ne manquoit pas de justesse et de vérité. Le chevalier de Malte fait vœu, non de mendier, comme un capucin ; mais de renoncer à toute propriété, à toute succession ; mais de ne pouvoir léguer sa boîte, ou sa montre, sans une permission du grand-maître ; mais de laisser à l'ordre, tout ce qu'il possède, à son dernier moment ; et tout ce qu'il en reçoit, après trente, quarante et cinquante ans d'ancienneté, est une commanderie bonne ou mauvaise, suivant le degré de latitude où il est né. J'ai connu un chevalier de Malte, qui, le jour même qu'il fut pourvu d'une commanderie, de quinze mille livres de rentes, vit passer deux millions, dans une branche collatérale de sa famille.

Qui sait mieux, que moi, tout ce qu'on a dit, tout ce qu'on a dû dire, contre cet état, *où les deux sexes se corrompant, par les sentimens naturels même, fuient une union, qui les rendroit meilleurs, pour vivre dans celle qui les rend toujours pires :* mais détruisez donc les obstacles, qui s'opposent, dans nos gouvernemens gothiques, à l'accomplissement du premier vœu de la nature. Prouvez à la multitude des esclaves, et des victimes de l'opinion, que la véritable noblesse consiste à planter un arbre, à cultiver un champ, et à faire un enfant : brûlez toutes les archives de la vanité ; ramenez l'homme à sa destination originelle ; que la révolution soit telle, en un mot, que par-tout, *où il y aura une place, pour deux, il se fasse un mariage ;* mais, jusque-là, plaignez le célibataire, et ne l'insultez pas. Quant aux mœurs de Malte ; toutes les sentines du catholicisme y aboutissent ;

comment échapperoit - elle à tant de causes de corruption ? La pureté méme en seroit altérée. J'avouerai donc, en rougissant, que les mœurs de Rome, et de Paris, se retrouvent à Malte; et que, si le dieu de Lampsaque adjugeoit des prix, nos jeunes caravanistes seroient dignes de concourir, avec les licenciés de sorbonne, et les docteurs de la propagande.

Au reste, quand on se pique de philosophie, il conviendroit d'avoir égard à la prodigieuse influence du climat. On nous reproche d'avoir toute une ville, pour serrail, à nous, qui respirons, entre la fournaise du mont Etna, et ces régions brûlantes, que Syphax peint avec tant d'énergie, dans le Caton d'Adisson. Froides poupées de l'Europe, que la nature y ébauche à peine, d'une main foible et engourdie; ah ! si la continence est une vertu parmi vous, songez donc qu'elle seroit un miracle, sous cette zone de feu, où le soleil calcine les rochers ; où ce n'est pas du sang, mais du vitriol, mais du salpêtre enflammé, qui circule dans les veines.

M. l'abbé, il ne peut m'être agréable de me mesurer avec vous. Vos vertus me sont connues, et je sais vos vers par cœur. Mais plus j'attache de prix à votre estime, moins j'ai dû vous passer des sarcasmes, que trop d'esprits superficiels pourroient prendre, pour règle de leurs jugemens. L'erreur des hommes, tels que vous, est toujours, plus ou moins contagieuse ; c'est, entre mille autres, un des inconvéniens, attachés à la célébrité.

LETTRE

LETTRE XIII.

UNE tradition, de dix-sept siècles, dit que le premier apôtre du christianisme fut jeté, par une tempête, sur la côte de Malte. Elle ajoute qu'un serpent piqua saint Paul, à la main ; et que la douceur extrême du sang de l'apôtre se communiqua, par une attraction subite, à tous les serpens de l'île, qui perdirent aussi-tôt leur venin. Ce n'est pas tout. On m'a montré l'oratoire de saint Paul ; c'est une espèce de grotte, où, selon la même tradition, il se fustigea souvent ; pour détruire, à ce qu'il prétendoit, les effets d'une certaine tentation, dont il se plaint, dans une de ses épîtres ; et qu'il trouva plus vive, à Malte, que par-tout ailleurs. De vieux Sibarites prétendent avoir éprouvé, de

Tome I.   K

la flagellation , des effets , précisément contraires. Quoi qu'il en soit, nos Arabes, qui ne sont pas des Locman , assurent que depuis cette singulière époque, la terre de la grotte , arrosée du sang de l'apôtre, se renouvelle, à mesure qu'on en prend. Ils se feroient crucifier, pour ce prodige ; d'autant plus incontestable, en effet, que les clefs de la grotte sont confiées à un prêtre, dont elle fait le revenu. Cette terre est, pour nos matelots, un petit objet de commerce ; elle se vend dans toute l'Italie , en Espagne, et en Portugal. On la jette dans un vase, et l'on boit dessus. Voici ses propriétés :

L'eau de Jouvence étoit moins salutaire ;
Car tout mortel , infirme , octogénaire ,
Qui peut goûter de ce nectar heureux,
Sent , tout-à-coup , naître en lui les beaux feux
Du deux printemps , dans sa vigueur première.
Cette eau puissante auroit pu rendre Œson ,
Digne rival du jeune amant de Flore ,

Et dans les bras de la sensible Aurore,
Vingt fois le jour, eût ranimé Titon.
Enfin, saint Paul, sur les rives du Tage,
Après sa mort, fait encor plus d'enfans
Que, dans sa vie, il ne fit de croyans.
Bien différente étoit, au premier âge,
Cette eau fatale, utile aux seuls jaloux ;
Et dont Moïse aux ombrageux époux
Avoit appris le redoutable usage,
Perdu depuis, heureusement pour nous.
Sans nul effet sur la femme innocente,
Dont le mensonge attaquoit la vertu ;
La pécheresse à peine en avoit bu,
Qu'elle tomboit, noire, enflée, expirante.
Jeunes beautés, dont mon cœur est épris,
Reines du monde, ornement de la France,
Ne craignez rien ; l'eau, qui coule à Paris,
N'aura jamais cette horrible influence.

Ne craignez point encore, si, par
hasard, vous jetiez les yeux, sur un
passage du traité des fleuves de Plutarque ; ne craignez point, que l'on
trouve jamais cette plante merveilleuse,
dont il parle, et qui avoit la singuliere

propriété de rendre les femmes, fidelles à leurs maris. Rassurez - vous. Nous sommes dans l'heureuse nécessité, de n'avoir d'autre garant, de vous, que vous-mêmes. Cette funeste plante n'exista jamais que dans le Phase , fleuve de la Colchide ; et les mauvais plaisans vous diront que les anciens l'ont épuisée.

LETTRE XIV.

JE vous épargne , et l'histoire de mes caravanes, qui se bornèrent à beaucoup de fatigue; et la description d'une tempête, que vous offriront tous les poètes, depuis Virgile, qui les surpasse tous ; et le tableau de deux mille mahométans, enchaînés sur les galères de Malte, par la raison qu'ils sont circoncis, et que nous ne le sommes plus ; tandis qu'à leur tour, ils nous enchaînent, parce

que nous ne sommes plus circoncis,
et qu'ils le sont encore. Je vous épargne
également la description de l'état actuel
des anciens royaumes de Juba, de Syphax,
et de Massinissa , d'où sortent aujour-
d'hui ces redoutables essaims de pirates,
qui troublent le commerce de la Médi-
terranée. Mais faudra-t-il doubler ces
îles fameuses de la mer Egée , dont le
nom réveil'e dans nous des idées si
agréables ? Passerai-je sous silence,
Crète, où Minos dicta des loix si sages,
et où s'élève le mont Ida, berceau du
maître des dieux ? Chypre, consacrée à
Vénus ? Délos, où Latone mit au monde
Apollon ? Naxos , qui vit les amours
d'Ariane et de Bacchus ? Ios, où mourut
Homère ? Paros , où l'on grava sur le
marbre les plus célèbres époques de la
Grèce, depuis Cécrops , jusqu'au magistrat Diognète ? Anaphe, qui servit
de retraite aux Argonautes ? Cyros ,
rendue célèbre par le mariage d'Achille

et de Déidamie ; et sur-tout par la naissance de Phérécide, si digne d'être immortel, pour avoir enseigné, le premier, le dogme si consolant de l'immortalité de l'ame? Ténédos, d'où l'on découvre les ruines de Troye? Lesbos, où naquit Sapho? Samos, où l'on respiroit avec l'air le goût de la volupté, et qui, par cette raison, fut long-temps le séjour d'Antoine et de Cléopâtre? Quel champ pour la poésie! Ce seroit ici le moment d'user de mon privilége, et de mentir comme un voyageur. Je serai moins agréable, sans doute ; mais je serai toujours vrai. Le moyen d'employer les couleurs de l'Albane, ayant devant les yeux des images de mort! Le despotisme, ce monstre stupide, qui *coupe l'arbre par le pied pour en cueillir le fruit*, a coupé, depuis long-temps, l'arbre si fécond de la Grèce.

Divine liberté, mère des grands desseins,
Des travaux généreux, des beaux-arts du génie;

Loin de ces lieux charmans , depuis qu'on t'a bannie ,
Tout s'y dessèche et meurt , sous d'impuissantes mains.
Aux champs de Marathon , au pas des Thermopiles ,
Théâtres immortels des faits les plus brillans ,
Fourmillent , par essaims , des papas imbécilles ,
De tristes Caloyers , des moines indolens ;
Encor , s'ils s'en tenoient au vœu d'être inutiles !
Mais ils trompent les Grecs ; mais , aveuglé par eux ,
Nous avons vu le Grec , sous un joug rigoureux ,
Implorer un vengeur , plus redoutable encore.
Du golfe de Finlande aux rives du Bosphore ,
Il appella le Russe. Ah ! si le Russe un jour
Arbore ses drapeaux , sur les débris d'Athènes ,
Tout est perdu ; la Grèce , esclave sans retour ,
N'aura fait que changer de tyrans et de chaines.

Un de mes confrères , plein d'esprit
et de connoissances , encore plus enthousiaste que moi des anciens , pleuroit , de
bonne foi , sur les Grecs modernes.
Leur sort le rendoit véritablement malheureux. Il ne se consoloit pas de voir
le derviche hébété , sur le sol , qui avoit
porté Aristide et Phocion. Hélas ! lui
dis-je , on n'est que trop souvent ramené

à des réflexions de cette nature. Le monde moral n'a pas dû éprouver moins de révolutions que le monde physique; et je doute qu'il y ait des lieux, sur la terre, plus fortement empreints que ceux-ci des bouleversemens , auxquels la nature est assujettie. Il m'est démontré que notre galère fait un sillon, où la charrue traçoit autrefois le sien; et que toutes ces îles de la mer Egée, tenoient autrefois au continent de l'Asie. Peut-être en furent-elles séparées à l'époque de ce déluge , dont les habitans de l'île de Samothrace, conservoient encore un souvenir effrayant , du temps de Diodore de Sicile. Quoi qu'il en soit , jetez les yeux sur les côtes de la Médi-terranée , du détroit de Gibraltar à celui de Constantinople ; voyez la figure de ces îles, dont vous déplorez l'état actuel: voilà , mon ami, voilà le seul livre qui ne ment point ; il nous atteste la pro-digieuse antiquité du monde ; et nous offre, dans des caractères, que d'autres révolutions pourront seules effacer, celles que le globe a éprouvées dans l'immensité des siècles. On peut donc s'attendrir un peu moins, sur le sort d'un foible animal, borné, par sa nature, à l'existence d'un jour ; quand on pense que la nécessité se joue de la nature entière ; quand elle change les continens en mers, et les mers en continens ; quand elle applatit les pôles de la terre (1), et qu'elle a voulu, peut-être, que son axe chan-

----

(1) Je ne prononce point, entre M. de Saint-Pierre, et les savantes académies de l'Europe, qu'il vient de provoquer. Ses objections, contre le système de l'applatissement des pôles, paroissent mériter toute leur attention. Mais si je parle modestement de ce que je crois savoir, à plus forte raison, dois-je me taire sur des objets absolument étrangers à mes études : celles de la nature m'ont intéressé vivement ; il est difficile de la sentir mieux, de la mieux peindre, et de la faire plus aimer. On peut, je crois, n'être pas toujours de l'avis de leur auteur ; mais lors même qu'il se trompe, ses erreurs sont respectables ; il faut encore l'estimer.

geât d'inclinaison et de centre de gravité.

Ce globe, où la mort se balance,
En proie aux plus grands changemens,
Fut aux combats des élémens
Abandonné, dès sa naissance.
De ces sombres événemens
J'aime à rapprocher la distance ;
Et du siècle, d'où je m'élance,
A planer dans la nuit des temps.
Tantôt, dans sa marche altérée,
Je vois pâlir l'astre du jour ;
Et l'onde, et le feu, tour-à-tour,
Régner sur la terre éplorée.
Tantôt, sous les pieds des mortels,
Je vois s'affaisser les montagnes.
Je vois la peur, dans les campagnes,
Elever les premiers autels.
O catastrophes innombrables,
Dont l'empreinte existe en tous lieux,
Marquée en traits ineffaçables !
Non, vous n'effrayez point mes yeux.
J'écris peut-être sur un gouffre ;
Peut-être dans ce jour si beau,
Je verrai s'ouvrir mon tombeau,
Au sein du bitume et du soufre.

O destin ! je ne m'en plains pas.

Detache, quand tu le voudras,

Un anneau de la chaine immense,

Que tu tiens rivée à ton bras.

Brise ma fragile existence.

Mon ame à tes coups rigoureux

Oppose une sûre défense.

Qui veut toujours ce que tu veux,

Est au-dessus de ta puissance.

LETTRE XV.

JE songeois au mont Etna, en écrivant les vers qui terminent ma précédente lettre ; et la vue de cette fournaise n'est pas faite pour rassurer sur la solidité de sa base. Plusieurs auteurs, tels que, Pomponius-Mela, Pline, Valère Maxime, et Eusthatius, dans son commentaire sur Denis le géographe, affirment ou rapportent que la Sicile a été arrachée du continent, et sans doute dans une explosion de ce terrible volcan. J'ajouterois à ces autorités, celle d'Ovide, de Virgile, et de Silius-Italicus, si les poètes avoient une meilleure réputation. Quoi qu'il en soit, la Sicile doit être minée par le prodigieux amas de matières que l'Etna ne cesse de vomir, depuis des milliers de siècles. Elle doit porter sur des voûtes, qui s'écrouleront, tôt ou tard. Doublez les forces qui viennent de bouleverser Messine, et la Sicile disparoissoit, peut-être, dans les abymes de la mer. Qui sait même si son existence ne deviendra pas, avec le temps, un problême aussi embarrassant pour la postérité, que cette fameuse Atlantide de Platon ; dont il dit avoir lu, dans un ouvrage de Solon, que, neuf mille ans avant ce grand législateur, les habi-tans avoient tout envahi, de l'Egypte aux colonnes d'Hercule, et de la Lybie à la mer de Tyrrène ? Au reste, il faut en convenir ; c'est une belle et sublime horreur, qu'un colosse, d'environ deux mille toises de hauteur, et de cent mille de circonférence, lançant dans sa fureur des masses énormes, à des distances prodigieuses; et vomissant, par plus de soixante bouches, ces laves, qui portent au loin l'épouvante et la mort. Maisons, villages, forêts, tout est englouti, par ces torrens enflammés; tout disparoît sur leur passage. Une de ces laves m'a paru n'avoir pas moins d'une lieue de largeur. Elle devoit, dans son état de fusion, remplir l'idée que Milton cherche à nous donner de ce grand abyme, où il nous peint le prince des démons, levant sa tête encore menaçante, et promenant ses yeux étincelans, sur un océan de feu.

Le curieux qui entreprendra le voyage du mont Etna, doit avoir autant de force, que de courage. Mais j'avertis, le poète, le peintre et le naturaliste, qu'ils seront amplement dédommagés de leurs fatigues. Ils traverseront toutes les zones, dans l'espace de vingt-quatre heures. Ils verront un peuple sauvage et fier, comme sa montagne. L'habitant de l'Etna leur rappellera le Typhon de la fable. Ils admireront des productions végétales, telles que l'arbre *dicento cavalli*, d'une grandeur gigantesque, et d'une beauté, dont ils n'avoient point d'idée. Ils jouiront enfin d'une multitude de points de vue ravissans; et certainement du plus riche spectacle de la nature, s'ils peuvent parvenir, jusqu'à la cime de la montagne, et y voir lever le soleil.

Les couches alternatives de laves et de terre ont occasionné des calculs, un peu embarrassans pour la théologie. On est venu à bout de déterminer, avec une précision presque géométrique, le temps qui a dû s'écouler, avant que des matières vitrifiées, et d'une dureté que rien n'égale, aient pu être converties en terres végétales. Le chanoine *Récu-*

pero, dont on a d'excellentes observations sur le mont Etna, tout en faisant de son mieux pour s'écarter le moins possible de la chronologie reçue, se crut obligé, en conscience, de ne donner pas moins de quatorze mille ans d'ancienneté, à la plus basse des laves du mont Etna. Son systéme fit du bruit. On lui écrivit, de Rome, que tout cela pouvoit être vrai ; mais qu'il ne l'étoit pas moins, que l'arche du Seigneur, à laquelle il osoit toucher, avoit aussi ses éruptions. Il comprit, et se tut.

Il falloit bien que l'imagination des poëtes s'emparât du mont Etna, et qu'il devînt un de ses plus riches domaines. Elle y plaça l'antre des Cyclopes, et les forges de Vulcain. Elle en fit un des soupiraux de l'enfer.

> C'est sous l'Etna, que le Dieu du tonnerre
> Ensevelit le plus fier des géans ;
> Et que languit, dans d'horribles tourmens,
> Le plus affreux des enfans de la terre.

Au moindre effort qu'il fait pour délivrer
Son corps énorme, et frappé de la foudre,
On croit toujours que, prêt à se dissoudre,
Dans le néant l'univers va rentrer.
Couvert de feu, de bitume et de poudre,
L'Italien, moins hardi qu'un géant,
Croit qu'on l'appelle au dernier jugement;
Court à confesse, et va se faire absoudre.

Vous me demanderez, sans doute, si les descendans de Moschus ont quelques traits de ressemblance avec cet aimable poète, et si les bergères modernes de la Sicile ont quelque chose de la naïveté, de l'élégance, et de la douceur, qui caractérisent les bergères de Théocrite : car vous connoissez, sans doute, ce morceau, si parfaitement imité par Voltaire. Je ne peux me refuser au plaisir de vous le rappeller ici.

Reine des nuits, dis quel fut mon amour;
Comme, en mon sein, les frissons et la flamme
Se succédoient, me perdoient tour-à-tour;
Quels doux transports égarèrent mon ame;

Comment

Comment mes yeux cherchoient en vain le jour ;
Comme j'aimois, et sans songer à plaire.
Je ne pouvois ni parler, ni me taire.......
Reine des nuits, dis quel fut mon amour.

Mon amant vint. O momens délectables !
Il prit ma main : tu le sais ; tu le vis ;
Tu fus témoin de ses sermens coupables,
De ses baisers, de ceux que je rendis,
Des voluptés dont je fus enivrée.
Momens charmans, passez-vous sans retour ?
Daphnis trahit la foi qu'il m'a jurée.
Reine des nuits, dis quel fut mon amour.

Reine des nuits, dis quelle fut ma douleur, en voyant l'état où je trouvai cette terre, que Pindare appelloit la nourrice de l'univers, et que les dieux jugèrent digne d'être donnée, en dot, à la fille même de Cérès.

O champs, que couronne l'Etna,
Et que sa cendre fertilise ;
Superbes environs d'Enna,
Vallons, plus frais que ceux d'Amphrise,
Combien votre aspect m'étonna !

Tome I.   L

Au sein de ce riant bocage ,
Où l'églogue inventa ses chants ,
De la douleur et de la rage
L'écho m'apporta les accens.
A sa démarche chancelante ,
A ses traits haves , abattus ,
Parmi des spectres éperdus ,
Je reconnus la faim tremblante ;
Par des larmes et des sanglots ,
Elle accusoit la Providence ,
Dont le trop éloquent silence
Sembloit lui répondre , en ces mots :
Victimes de votre indolence ,
Ingrats , vous vous plaignez à tort.
L'homme dispose de son sort.
Rome sut trouver l'abondance
Aux lieux , où vous trouvez la mort.
Je suis le Dieu de la sagesse ,
Des talens , de l'activité ;
Je ne fis jamais de traité
Avec la stupide paresse ;
Les Romains voyoient dans le soc
Les principes de l'opulence :
Vous , qui donnez la préférence
Aux vertus , à l'éclat du froc ,
Qu'il soutienne votre existence.

. Je voulois effacer ces derniers vers , dont l'ironie me sembloit déplacée ; mais un vénérable docteur de Sorbonne, auquel j'ai communiqué mes scrupules , les a détruits, en me prouvant , par vingt passages de l'écriture , que l'ironie est une figure , consacrée par les livres saints.

Je demandois à un homme d'esprit quelques instructions sur l'état, où se trouvoient, en Sicile, les arts utiles, et de première nécessité. Vous trouverez ici, me répondit-il, à peu près, tous les objets de luxe , et les ouvriers qu'il emploie. Quant aux choses , d'un besoin journalier, il est de fait, qu'il sort environ deux millions , par an, de cette île, pour les seules étoffes grossières, qui habillent le paysan. Il ajouta : Le chevalier Hamilton me disoit, un jour : si la Sicile, si cette riche patrie de Cérès , étoit gouvernée par nos loix, j'ose vous assurer que , dans moins de dix ans,

l'idée d'un besoin lui seroit même in-
connue , et que l'or des étrangers lui
arriveroit de toutes parts , et par tous
les canaux du commerce. Et sainte Rosalie , lui répondis-je ? que deviendroit
sainte Rosalie ? Apprenez , monsieur
l'hérétique , que sainte Rosalie tient
lieu de tout ; et qu'il vaut mieux marcher nu , et mourir de faim, en suivant
la procession de sainte Rosalie , que
vivre, sans elle, dans l'abondance de
tout ce qui nous manque.

Il y a des anecdotes qui peignent,
d'un trait, les particuliers et les nations.
En voici une de ce genre, sur le royaume
de Sicile : Il s'éleva, vers 1740, une con-
testation très - vive , entre la cour de
Naples , et l'ordre de Malte. Déjà ,
même, le roi des deux Siciles avoit fait
défendre, à ses sujets , de nous fournir
les rafraîchissemens, dont nous avons
besoin. La rupture étoit sur le point d'é-
clater ; quand tous les villages , situés

aux environs du cap *Lilibée*, aujourd'hui *Passaro*, représentèrent, avec chaleur, qu'ils ne pouvoient payer leurs taxes, qu'avec notre argent. Le roi se laissa fléchir ; et il fut prouvé, que l'ancien grenier des Romains ne pouvoit se passer du stérile rocher de Malte. Ce n'est pas à vous qu'il faut en dire davantage; vous avez jugé la Sicile, mieux que je ne pourrois vous la peindre.

Je ne vous arrêterai point devant les ruines de Syracuse, de cette ville, dont les innombrables habitans, tantôt esclaves, tantôt libres, *et recevant toujours l'esclavage, et la liberté, comme une tempête*, étoient une image frappante de l'élément qui baignoit ses murailles. Moins heureux que Cicéron, je n'y trouvai pas même la place qu'occupoit le tombeau d'Archimède : rien ne subsiste de cette ville, autrefois si célèbre, que la prison, que fit construire Dénis; monument éternel de l'inquiétude, et des soupçons, qui agitent la tyrannie : elle étoit faite de manière que, placé au centre de la spirale, le tyran pouvoit entendre ce que disoient les prisonniers, dont le plus foible son de voix parvenoit jusqu'à lui, par le moyen des spirales convergentes. Vous pensez bien que je me fis conduire à la fontaine d'Aréthuse. O sacrilége ! ô profanation ! Cinq ou six vieilles femmes y lavoient de vieilles chemises : tout a disparú jusqu'au fleuve Alphée.

> Pourquoi ne puis-je, aux bords de Syracuse,
> Vous présenter le spectacle charmant,
> Des flots émus de la belle Aréthuse,
> Mêlés aux flots du fleuve son amant ?
> Je le sais trop ; oui, ce n'est qu'un vain songe ;
> Mais il me plaît ; mais j'en suis enchanté ;
> Mais, en cherchant l'auguste vérité,
> Avec transport, j'embrasse un doux mensonge.
> Tout dans la fable a pour moi des appas.
> C'est la fraicheur de la belle nature ;
> C'est le printemps, qui m'offre, à chaque pas,
> L'émail nouveau d'une tendre verdure ;

C'est du plaisir l'image vive et pure.

Voyez comment ces Grecs ingénieux,

Animoient tout d'une flamme féconde.

Ils étoient gais, en honorant les dieux ;

Leur foi charmante embellissoit le monde ;

La nôtre est triste. On m'offre, en paradis,

Au lieu d'Hébé, des docteurs en fourrure.

Convenons-en ; la guimpe et le furplis,

Ne valent pas Vénus et fa ceinture.

Le même mensonge, qui avoit fait le mariage d'Aréthuse et d'Alphée, détermina la fondation et l'emplacement de Syracuse. Il est curieux, ce trait de la fable, ou de l'histoire ; car les deux sœurs sont inséparables, et se ressemblent si fort, que, trop souvent, on perd son temps à vouloir les distinguer. Quelques vagabonds de Corinthe, incertains du lieu, où ils fixeroient leur demeure, s'étoient adressés à l'oracle de Delphes, qui leur avoit répondu : *Bâtissez une ville, au confluent de l'Alphée et de l'Aréthuse.* Il y avoit plus que de

l'obscurité, dans cette réponse ; car l'A-
réthuse est une fontaine de la Sicile, et
l'Alphée, un fleuve d'Elide, dans le Péloponèse : on dit même que les incrédules
du temps osèrent en conclure, que l'o-
racle de Delphes, ne savoit pas mieux
la géographie que l'avenir. Mais, à
quelles difficultés les docteurs ne trou-
vent-ils pas de réponse ? Voici quel fut
le raisonnement de ceux de Delphes :
Le dieu parle du confluent de l'Alphée
et de l'Aréthuse, et le dieu ne peut se
tromper : cependant la mer est entr'eux ;
donc l'Alphée la traverse, pour se réunir
à l'Aréthuse. Nous connoissons des rai-
sonneurs de cette force.

Après ce que je vous ai dit de la Sicile, et de l'horrible famine qui la rava-
geoit, vous serez étonnée d'apprendre
que c'est pourtant en Sicile , que j'ai
passé un des soirs les plus agréables de
ma vie.

LETTRE XVI.

JE descendois du mont Trapani, où j'avois été me promener, avec Elien, au milieu des ruines du temple de Vénus Erycine. Ce qui est loin de nous, dans le temps, et dans l'espace, s'agrandit à nos yeux; et notre respect pour les anciens monumens s'augmente, à proportion que les époques, qu'ils occupent dans la profondeur des siècles, sont plus éloignées de nous. J'avois la tête remplie de la pompeuse description, qu'Elien nous a laissée du temple d'Erix. Je plaçois à mon gré, dans les différens sites de la montagne, les ornemens, dont Dédale avoit décoré les environs de ce temple; et je poursuivois lentement mon chemin, plongé dans une douce rêverie. J'en fus tiré, par la subite apparition d'un véné-

rable vieillard; il étoit assis sur une petite éminence de gazon, le visage tourné
vers le ciel, dont il sembloit implorer
la bonté. De longs cheveux blancs flot-
toient sur ses épaules; il se leva, pour
me saluer. Son port étoit noble et majestueux. Le saint caractère de la vertu
paroissoit imprimé sur son front. Plein
de mes idées antiques, je croyois voir
le vieux Anchise, qui, échappé au sac
de Troye, par la piété de son fils, Enée,
vint, comme on sait, se réfugier en Sicile,
et mourir au pied du mont Erix. En
l'observant de plus près, j'apperçus une
larme, qui effleuroit légèrement sa joue.
O qui que vous soyez ! lui dis-je en l'abordant, vous êtes cher à mon cœur, puisque
vous me paroissez malheureux. Le ciel
à qui je demande, tous les jours, la
faveur de pouvoir être utile à mon semblable, m'auroit-il exaucé, ce matin ?
Jeune étranger, me répondit-il, ces
larmes, qui coulent de mes yeux, sont

les larmes du bonheur. Vous me sem-
blez digne d'en apprendre le sujet , et
d'être heureux de ma joie ; partagez-la
donc , poursuivit - il , en commençant
un discours rapide , auquel je tâcherai
du moins de donner l'harmonie du style
poétique , dans l'impuissance , où je suis ,
de faire passer , dans ma prose , la douceur
et le sentiment de la sienne.

Mon fils , (pour ma vieillesse ayez quelque indulgence,
Ne vous offensez pas du titre le plus doux ,)
    Mon fils , vous voyez devant vous
Un être , heureux sans biens , et noble sans naissance.
Mars , de mes jeunes ans vit le fougueux essor ;
Enfant d'un pâtre obscur , je portois la houlette ;
Mais j'entendis sonner la brillante trompette ;
Et je pris , pour devise : *ou la gloire, ou la mort.*
La gloire ! ah ! ce mot seul enflammoit mon courage.
Dans les champs de l'honneur , comme au palais des rois,
Sans intrigue , sans art , mon nom fut mon ouvrage.
Dans des ruisseaux de sang , je trouvai cette croix ;
    Et la noblesse , dont les loix ,
Pour le malheur du noble , ont fait un héritage ,
    Couronna mes derniers exploits.

Au cœur qui la fervit, que la patrie est chère !
J'avois fervi la mienne ; et je dus l'enrichir.
Il me restoit encor des devoirs à remplir.

    Il falloit être époux et père ;
Je devins l'un et l'autre, et connus les vrais biens.
J'époufai la vertu, les graces, la décence.

    Vingt ans d'amour et de constance,
Prètent un nouveau charme à nos tendres liens.
Qu'avec ravissement j'habite ces campagnes !
Que la nature est belle, aux yeux de son amant !
Qu'il est doux d'exister, aux pieds de ces montagnes ;

    Entre fa femme et fon enfant !
O ma fille ! ô ma gloire ! ô ma chère Emilie !
J'ai donc fait aujourd'hui le bonheur de ta vie !
Délicieux moment pour ce cœur paternel !

    En préfence de l'Eternel,
J'ai confié ma fille à l'amant qu'elle adore.

    Tendre appui du foible mortel,
Que fous des noms divers notre ignorance implore,
Dieu puissant, Être bon, protège mes enfans ;
Ils font heureux ; rends-les plus fortunés encore ;
Redouble, s'il se peut, l'ivreffe de leurs fens ;
Prolonge leurs transports ; fixe pour eux le temps ;
Fais que des voluptés ils connoissent les larmes ;
Père du doux plaisir, ô mon maître ! ô mon roi !
Honore, d'un coup-d'œil, ces lieux remplis de charmes ;

    Ce fpectacle est digne de toi.

L'attendrissement du bon vieillard m'avoit gagné. Je le pressai dans mes bras, et lui dis d'une voix entrecoupée : mon père, un être semblable à vous eût été l'ornement de ces temps, appellés héroïques, et qui sont, à tous égards, si loin de nous. Jugez ce que vous êtes pour moi, dans un siècle, où je passerois pour visionnaire, si je publiois cette entrevue. Il me répondit : je ne suis qu'un vieux soldat ; mais l'éloge, dont vous daignez m'honorer, fait le vôtre ; et l'enthousiame, que l'idée de la vertu vous inspire, est, pour moi, la mesûre de la beauté de votre ame. Il ajouta : le sentiment du bonheur est quelque-fois au-dessus des forces de l'homme , dans la vieillesse même, où les organes de la sensibilité s'émoussent, et où l'ame s'éteint à mesure que le corps prend de la pesanteur. J'étois ici , à respirer à mon aise, loin des objets, qui m'ac-cabloient , à force de me rendre heureux. Actuellement que je me sens assez fort, pour en soutenir de nouveau la présence, voulez-vous m'accompagner ? Vous voyez cette fumée qui s'élève perpendiculairement, au milieu de ces grands arbres ; c'est là que le bonheur habite mon toit champêtre, et que le plaisir y donne une petite fête à l'amour enchanté. J'acceptai la proposition avec joie.

Dans un bocage impénétrable
Aux traits brûlans du dieu du jour,
Réduit secret, lieu favorable
Aux mystères du tendre amour ;
Tous les amours de la contrée,
Les graces des hameaux voisins,
Formoient mille jeux enfantins ;
Et d'une compagne adorée,
Célébroient les heureux destins.
Là, Damon sur l'escarpolette
Place Timarette, en riant ;
Et le fripon voit, en passant,
Le jupon court de Timarette,
Qui flotte, et vole, au gré du vent.

Plus loin, Chloé pourfuit Timante,
Qui vient de ravir fon bouquet.
Prends garde à toi , jeune imprudente ;
L'amour, dans le fond d'un bosquet,
Egara plus d'une Atalante.
Peindrai-je Lucas folâtrant
Avec une autre Galathée ?
Peindrai-je la pomme jetée ?
Lucas, de plaisir tressaillant ?
Et la bergère , plus émue,
Derrière un saule se cachant ;
Mais avec l'espoir d'être vue ?
Et toi, dans des momens si doux,
Que faisois-tu , jeune Emilie ?
De joie et de crainte saisie,
Tu n'osois fixer ton époux.
Tandis qu'il dévore d'avance
Les trésors, dont il va jouir ;
Et qu'il voudroit anéantir,
Au gré de son impatience,
Cette soirée, espace immense,
Qui reste encore à parcourir ;
Ton cœur , au rayon du plaisir,
A la nature qui t'éclaire,
Craint, hélas ! de s'épanouir ;
Et l'approche du grand mystère

Te fait palpiter et rougir,
Ainsi la chaste sensitive
Dérobe , à qui veut la saisir ,
Sa beauté tendre et fugitive.

Expliquez-moi, dis-je au bon vieillard, l'énigme qui m'occupe : Comment le bonheur, le plus grand bonheur, qu'il soit donné à l'homme , de goûter, sur la terre, se trouve-t-il, en Sicile, au milieu des horreurs de la famine, et des innombrables abus de la plus mauvaise administration ? Jeune Français, répondit le Nestor sicilien, prenons garde de passer de la haine des abus, à celle de l'autorité, qui ne les souffre, que parce qu'elle n'en est point instruite ; persuadons-nous bien, qu'il n'est pas dans la nature qu'un homme puisse vouloir, de sang froid , et l'affoiblissement de sa puissance, et le malheur de plusieurs millions d'hommes. Je plains mon roi , sans le juger ; et au lieu de déclamer inutilement contre l'administration, que je ne

suis

suis point chargé d'éclairer, je travaille
à n'être pas victime de sa négligence.
Actif et prévoyant, il me reste des pro-
visions pour une autre famine ; il m'en
reste pour moi, et pour quelques infortunés, plus pauvres que moi. Quant à
la tyrannie, elle ne s'exerce guère sur
la prudence, qui se tait, et sur l'obscurité, qui se cache. Ce n'est pas à la
taupe, qui s'est creusé une habitation
souterraine, à craindre les aigles et les
vautours.

O Vénus Erycine ! je te recommande
cette cabane ; je te recommande tous
les charmes, toutes les vertus qu'elle
renferme ; et je pars brusquement ; car il
faut un effort, pour quitter un tel séjour.
Profitons de ce moment de courage ; ne
nous laissons point effrayer, par les hur-
lemens de Caribde et de Sylla. Résistons
aux chants de Ligée, de Parthénope et
de Leucosie ; et dirigeons-nous vers le
golfe de Tarente, célèbre dans l'an-

tiquité , par des enchantemens plus redoutables.

LETTRE XVII.

On sait que les délices de Tarente avoient passé en proverbe. Aucun peuple, excepté les Sybarites , établis dans le voisinage de cette ville, ne porta plus loin le goût et le raffinement des voluptés. On est coupable, disoient les Tarentins, toutes les fois qu'on laisse échapper une occasion de plaisir; et celui qui remet au soir à être heureux, et que la mort surprend dans la journée, a commis une faute, que la justice des dieux ne lui pardonnera pas. Tous les jours de l'année suffisoient, à peine, aux jeux et aux fêtes, qu'ils avoient institués. On prévoit le sort d'un état semblable; et quand Fabius s'approche des murs de Tarente, on s'attend bien que le *Molle Tarentum* ouvrira ses portes, au vainqueur d'Annibal.

Aux causes morales de destruction, que Tarente portoit dans son sein, le climat joignoit sa dangereuse influence. On la sent, elle respire dans des vers d'Horace, que j'oserai vous traduire à ma manière. Cher ami, écrivoit-il à Septimius :

Allons vivre et mourir, sur les bords, où Phalante
Guida ses compagnons, fixa leurs pas errans.
Tu le sais : la nature épuisa sur Tarente,
    Et sa richesse et ses présens.

Le Galèze y serpente ; et neuf mois, sur ses rives,
Le printemps entretient le souffle le plus doux.
Là coule un miel divin ; là croissent des olives,
    Dont Venaffre même est jaloux.

J'ai chanté le Falerne ; il le cède à Tarente.
Zéphyr y rit à Flore, et Pomone à Bacchus :
Mais tant de biens divers, dont la douceur m'enchante,
    Ne sont rien sans Septimius.

J'avois lu qu'on retrouvoit, chez les habitans de la Tarente moderne, le goût de leurs ancêtres pour une vie tranquille et voluptueuse ; et que les femmes y ressembloient à ces belles Grecques, dont les anciens nous ont conservé, dans leurs ouvrages, de si parfaits modèles. Quant à moi, qui, doué cependant d'une imagination très-vive, n'avois pu voir que de vieilles et dégoûtantes lavandières, à la fontaine d'Aréthuse, j'eus encore le malheur de ne voir, à Tarente, que la misère en lambeaux, qui se traînoit sur la cendre des voluptueux Tarentins. J'ajouterai qu'il y a des précautions à prendre, contre les brigands, établis sur les ruines de cette ville célèbre. Le contraste n'est pas moins frappant, entre l'ancienne Sybaris, et la triste bourgade, qui occupe aujourd'hui sa place.

Sybaris étoit située sur le golfe de Tarente. Ainsi, cette partie de la grande

Grèce, étoit destinée à donner au monde l'exemple de tous les vices, que peuvent engendrer le luxe et la mollesse. Voici quelques traits que j'ai recueillis sur les Sybarites.

Un coq vivant ne pouvoit entrer dans Sybaris; et la loi y défendoit, expressément, l'exercice de ces professions bruyantes, qui troublent le repos de la nuit.

Les Sybarites passoient les jours entiers dans des grottes, tapissées de mousse, et ornées de guirlandes de fleurs. On n'y entendoit d'autre bruit, que le murmure des fontaines, et le chant des oiseaux, perchés dans des arbres touffus, qui en défendoient l'entrée au soleil.

L'esclave, qui avoit apprêté le bain de son maître, étoit battu de verges, si le bain ne se trouvoit pas au juste degré de température, qui lui avoit été ordonné. Au sortir du bain, le Sybarite étoit porté sur un lit, où l'on sait, qu'il suffisoit d'une feuille de rose, repliée sous lui, pour rendre son sommeil pénible.

L'un d'eux vit un esclave, labourant la terre. Ce travail lui parut un des douze travaux d'Hercule : cette image effrayante le poursuivit tout le jour ; et le soir même, en racontant dans une assemblée ce qu'il venoit de voir, il y occasionna un spasme général.

Celui qui avoit inventé, à Sybaris, un ragoût nouveau, obtenoit les honneurs d'une statue ; et on y décernoit des couronnes d'or à celui qui avoit donné le meilleur festin. On avoit soin d'y inviter les femmes, une année d'avance, afin de leur donner du temps, pour réfléchir à leur parure.

On pense bien que la mode étoit l'idole des Sybarites. Ils lui prodiguoient leur or, et le temps, plus précieux que l'or. Une étoffe de Milet, nouvellement arrivée à Sybaris, étoit, pour ces petites têtes, un événement de la dernière importance , et mettoit tout Sybaris en mouvement. La femme qui parvenoit à s'en parer , la première , étoit citée comme la plus heureuse des femmes. Au reste, les historiens, qui parlent de Sybaris, ont à peine effleuré l'article de ses modes ; et c'est un vrai malheur, c'est un digne sujet de regrets pour un peuple moderne, qui, comme on sait, a la noble prétention de l'emporter , à cet égard , sur tous les peuples de la terre.

Les pygmées de Sybaris , osèrent insulter les Crotoniates ; à peu près , comme ces petits bichons de Malte, qui étoient si recherchés par les dames de Sybaris, aboient un dogue qui les méprise. Les dogues de Crotone furent moins dédaigneux ; ils dévorèrent trois cents mille Sybarites ; et leur ville disparut de dessus la terre. Je la cherchai, en vain, entre le *Chratis* et le *Sybaris*, qui lui avoit donné son nom, et qui porte

aujourd'hui celui de *Cochile.* Je m'inter-
roge, et je me demande, pourquoi donc,
tout en méprisant un peuple, qui fut le
scandale de l'univers , je mettois tant
de prix à découvrir quelques traces de
son existence ; je me demande pourquoi
le Sybaris ne couloit pas, à mes yeux,
comme un autre fleuve ; et je me rappelle
que j'avois vingt-quatre ans, que je me
sentois un grand fond d'indulgence pour
cette volupté, l'idole des Sybarites ; je
me rappelle , sur-tout, que je cherchois
l'emplacement de leur ville ,

Dans un de ces beaux jours de la saison des fleurs ,
Où tout peint le plaisir , où tout parle à nos cœurs ;
Où la terre à nos yeux , brillante et rajeunie,
Exhale ces parfums , ces principes de vie ,
Qui portent à la fois , dans l'ame et dans les sens,
Tous les feux de l'amour , avec ceux du printemps.

Rentré dans ma felouque , je gémis
profondément sur l'état de barbarie, où
je laissois les beaux rivages de Tarente.

Ils sont en proie à des espèces de Les-
trigons, qui, à la vérité, ne mangent
pas le voyageur, mais qui manqueroient
rarement de l'assassiner, s'il ne se tenoit
sur ses gardes. Je fis des vœux, pour
qu'une nouvelle Thurium s'y élevât, sur
les ruines de l'ancienne; je lui souhai-
tai pour législateur un autre Charondas;
et après m'être sauvé de ces bandits de
terre ferme, j'eus encore le bonheur d'é-
chapper à un corsaire de Barbarie, qui
me donna chasse, jusque sous le canon
de Caprée.

Un vieux chêne, presque desséché,
sembla reprendre vigueur, le jour qu'Auguste débarqua dans cette île. Comment
cette résurrection, vraie ou prétendue,
n'auroit-elle pas fait impression sur un
homme qui perdoit toute contenance, et
s'attendoit à un grand malheur, quand
il avoit mis, par distraction, le soulier
droit au pied gauche, ou le soulier
gauche au pied droit ? Vain, supers-

titieux, et, comme on sait, entouré
de flatteurs, ce chêne causa l'échange
de Caprée, avec l'île d'Ischia, qu'Auguste céda à la république de Naples.
C'est à Caprée, qu'il venoit se délasser,
sur la fin de sa vie, des fatigues du gouvernement : il l'appelloit l'île *des gens
qui n'ont rien à faire*. Si elle fut, sous
lui, l'asyle des lettres et de la paix,
on sait qu'elle devint le séjour du vice,
dans toute sa difformité ;

> Quand, loin de Rome, et loin de tous les yeux,
> Vint y croupir, dans une fange impure,
> Ce bouc infect, horreur de la nature,
> Monstre, engendré dans le courroux des dieux ;
> Douze palais, dans ce lieu solitaire,
> Etoient ouverts aux plus honteux plaisirs.
> Là, se traînoit sans force et sans desirs,
> Le dégoûtant, l'exécrable Tibère ;
> Là, pour piquer de ses sens engourdis
> Les vains efforts, les langueurs léthargiques,
> On avoit peint des Phriné, des Laïs,
> L'art odieux, les infames pratiques ;
> Des libertins honteux raffinemens,

Dignes de plaire à l'ame des tyrans.
O voluptés ! dont j'adore l'empire,
Filles du ciel, qui fîtes mon bonheur,
A ce vil monstre auriez-vous pu sourire ?
Non ; l'innocence est votre aimable sœur.
J'aime à penser qu'un farouche imposteur,
Un scélérat, que le remords déchire,
N'éprouve point votre attrait enchanteur.
Sur son rameau, la jeune tourterelle,
Et de Vénus l'oiseau tendre et fidèle,
Ont des plaisirs doux et charmans comme eux ;
Tandis, qu'au fond de son antre sauvage,
Une lionne a des transports affreux,
Et des desirs, comme elle, pleins de rage.

On est saisi d'effroi, quand on pense
à quel degré de dépravation peut parvenir le méchant, revêtu du pouvoir
absolu. J'errois, avec Tacite et Suétone,
sur les débris des constructions antiques
dont est bordé le rivage de Caprée ;
et je me disois, au milieu des ruines,
que cette île offre aux conjectures des
antiquaires : le voilà, sans doute, ce
palais escarpé, d'où le monstre faisoit

précipiter , sur des pointes de fer , les victimes de sa haine et de sa barbarie. Les voilà , ces antres et ces réduits, où des troupes d'hommes corrompus , et de femmes perdues , ménageoient à la lubricité du bouc la surprise de quelque posture nouvelle , dont la plus infame étoit sûre d'obtenir un prix ; et il devoit se connoître en infamie , celui dont la bibliothèque étoit composée des ouvrages d'*Eléphantis* de Milet, d'*Hermogène* de Tharse, et de *Philenis*, les Arétins de leur siècle. Et ces eaux, qui serpentent dans ces vallées ; ces eaux , où se réfléchit un ciel si pur, comment dire la manière , dont son imagination déréglée étoit parvenue à les souiller? Comment dire que, tandis qu'il s'y baignoit, de petits infortunés, qu'on appelloit les poissons du prince..... Ma plume se refuse à tracer ces abominations ; j'oserois même pro-noncer qu'elles sont impossibles, si quel-que chose pouvoit étonner du Sophiste cruel, qui, pour éluder la loi, par laquelle il étoit défendu à Rome de punir les vierges de mort, imagina de les faire violer par le bourreau, avant de les envoyer au supplice ; si quelque chose encore pouvoit étonner du monstrueux amant de la jeune *Mallonia*, qu'il réduisit à la nécessité de se donner la mort, pour échapper à l'horreur d'être l'*Atalante* de ce vieux et dégoûtant *Méléagre*. Les érudits savent que le célèbre *Parrasius* déshonora son pinceau, en animant sur la toile l'infamie de Méléagre et d'Atalante. Ils savent encore que cette représentation trop fidelle des mœurs de Lesbos, fut payée par Tibère deux millions de sesterces, et qu'elle devint le principal ornement *des délices de Caprée*. Les délices de Caprée ! Voulez-vous savoir en quoi elles consistoient pour Tibère ? Lisez sa lettre au sénat, si bien commentée par le philosophe Tacite, ce grand scrutateur du cœur humain. Vous y verrez à quel point Tibère étoit devenu un supplice insupportable à Tibère. Vous verrez le trouble, l'inquiétude et le remords agiter, à l'envi, cette ame cadavéreuse. Vous jugerez du sort de tous les tyrans, par l'effroyable destinée de Tibère ; et les dieux vous paroîtront absous, pour me servir d'une belle pensée du poète Claudien. Mais, je m'apperçois trop tard que Tacite ne donne pas à tous ceux qu'il fait penser, la concision, qui le caractérise. Je reviens à la moderne Caprée. Elle n'a rien de remarquable que ses ruines, et un petit vallon, auquel je doute que les quatre parties du monde offrent rien de comparable. J'y trouvai un anglois, établi depuis quelque temps. Il avoit commencé ce que les Anglois appellent, *le grand tour*; mais le hasard l'ayant conduit dans cette vallée, il fut séduit par la richesse du paysage, par la salubrité de l'air qu'on y respire, et par l'espoir d'y jouir, tout à son aise, du doux *far niente*, qu'il préféroit à tout, et dont Caprée lui parut être le plus délicieux asyle. Il y paya six mille onces, ou environ trois mille louis, quelques arpens de terre, et une habitation champêtre, qu'il meubla de bons livres, d'un joli cabinet d'histoire naturelle, et sur-tout d'une jeune napolitaine, à la taille svelte et dégagée, à l'air agaçant et vif, avec laquelle je jugeai que le *far niente* devoit s'observer difficilement.

LETTRE XVIII.

Il n'y a qu'heur et malheur, dans ce monde; et la destinée s'y joue des individus, et des réputations.

Des réputations on ne sait pas pourquoi.

Tout le monde connoît celle de saint Janvier ; mais qui de vous sait, en France, qu'il s'opère, à Naples, plusieurs autres liquéfactions, et que les minimes ont le bonheur d'y posséder une petite fiole, du lait de la Vierge, qui ne manque jamais de se liquéfier, le jour de sa fête ? Qu'on me dise pourquoi ce joli miracle n'est pas de mode ; et par quelle raison saint Janvier l'a emporté sur la mère de Dieu. Quoi qu'il en soit, le dix de mai, jour de mon arrivée à Naples, je trouvai toute la ville en mouvement : on couroit de

toutes

toutes parts ; je courois aussi , en demandant ce que j'allois voir. J'appris ,
qu'au moment où l'on trancha la tête
à saint Janvier , patron de Naples , il
se trouva une fiole , toute prête , que
l'on remplit de son sang ; et que ce sang
coagulé se liquéfioit toutes les fois
qu'on l'approchoit de la châsse du saint.
On daigna me faire les honneurs de la
fête , en ma qualité d'étranger , qui ,
d'ailleurs , portoit à sa boutonnière un
signe évident de catholicité.

Le cardinal , qui donnoit le spectacle ,
Dévotement , près de lui me plaça ,
Lut dans mes yeux , et pourtant me pressa
D'être attentif à son petit miracle ;
Voici comment la chose se passa.
En grande pompe , un prêtre déposa
De saint Janvier la châsse magnifique ,
Près du crystal , où son sang se glaça.
Du peuple alors un flot nous écrasa ;
C'étoit à qui de la châsse magique
Verroit d'abord le pouvoir sympathique.
Le cardinal à nos yeux exposa

Tome I.   N

Le composé de liqueur et de poudre ;
Puis il le prit, le reprit, le baisa,
Et si long-temps, qu'un hérétique osa
Dire tout haut : (grand saint, daigne l'absoudre)
O pauvres gens ! quel prodige est cela !
C'en seroit un, si ce mélange-là,
Par la chaleur ne pouvoit se dissoudre.
J'étois dissous, quand saint Janvier combla
Du cardinal la fervente prière ;
Car le soleil, au haut de sa carrière,
De traits plus vifs, jamais n'étincela ;
Peut-être aussi la sottise grossière,
Autour de moi jamais ne rassembla
De ses enfans une cour plus entière.

Il arrive rarement, à la vérité, mais pourtant il arrive que le prétendu sang ne se liquéfie pas assez promptement ; que même il ne se liquéfie pas du tout, quand le temps est pluvieux ou froid, ou que des nerfs, affaissés par la vieillesse, et devenus presqu'insensibles à l'action du fluide électrique, ne peuvent communiquer assez de chaleur à la fiole, pour en dissoudre le contenu. C'est alors qu'il faut voir, dit-on, l'effroi peint sur tous les visages ; qu'il faut entendre les gémissemens, les pieuses aspirations de l'assemblée ; et dans les rues adjacentes au lieu de la scène, le torrent d'invectives que la canaille vomit contre son saint. J'ai lu, dans de bonnes observations, sur l'Italie, une anecdote fort plaisante, sur le miracle de saint Janvier.

L'Angleterre et la Hollande, venoient de se déclarer contre la France et l'Espagne, dans la guerre de la succession. On n'ignoroit pas, en France, que le clergé de Naples étoit dévoué, sans réserve, à l'empereur Léopold. Le maréchal d'Estrées, y avoit conduit le duc d'Anjou ; et ce prince devoit être proclamé roi des deux Siciles, le jour même de la fête de saint Janvier, immédiatement après la liquéfaction accoutumée. La veille, il se répandit, sourdement, que le miracle ne se feroit point : ce bruit parvint au maréchal, qui ne se méprit point sur les vues du clergé. Il étoit clair que le peuple ne manqueroit pas de voir, dans ce signe effrayant du courroux de son patron, la preuve évidente que le ciel rejetoit le duc d'Anjou; et le génie turbulent de ce peuple, devoit faire espérer un soulèvement général. D'Estrées prend son parti sur le champ; il assemble les chanoines de la cathédrale, et leur dit froidement : J'apprends que votre saint est irrité contre vous; et qu'il vous menace, pour demain, d'une preuve de sa colère : je viens vous déclarer, que j'en deviendrai l'instrument le plus terrible; et, qu'à commencer par vos maisons, Naples sera, demain au soir, un monceau de cendres, si vous ne trouvez pas le moyen d'appaiser votre patron. On se doute que le saint se laissa fléchir. Cela rappelle la plaisanterie, affichée sur le tombeau du diacre Pâris : le maréchal d'Estrées pouvoit écrire, au contraire, sur la porte du temple de saint Janvier :

> De par le roi ; j'ordonne à Dieu
> De faire miracle en ce lieu.

La pitoyable farce de saint Janvier, rappelle à l'homme de lettres cet encens qui brûloit, sans feu, sur l'autel de Gnatie : prodige, que les prêtres du temps firent voir à Horace, et dont se moque, comme de raison, le poëte philosophe, dans la relation de son voyage à Brindes. Je me gardai bien d'imiter Horace, et de renvoyer le cardinal au juif *Apella :* je le remerciai même, le plus sérieusement qu'il me fut possible. Deux Français ne furent pas si sages ; et plaisantèrent hautement de la liquéfaction. Leur étourderie nous valut cette vive apostrophe, d'un philosophe napolitain ; car ils ne sont pas tous à Londres et à Paris :

> Tandis que notre saint Janvier
> Exerçoit votre humeur légère,

Je songeois à le marier

A votre sainte de Nanterre.

L'Épouse est digne de l'époux.

Quand Geneviève, parmi vous,

Promenée en cérémonie,

Appaise le ciel en courroux,

Fait cesser ou tomber la pluie;

Cela peut nous justifier;

Et la châsse de la bergère,

Rendre le Français moins sévère

Sur la châsse de saint' Janvier.

Vous ofez rire à notre fête?

Mais songez donc que saint Denis

Chez vous jadis porta sa tête.

Donnons-nous la main, mes amis;

Notre patron vaut bien le vôtre.

Changeons les noms et les habits :

Que verrons-nous dans tout pays?

Les fots, ou les fripons du nôtre.

Pardonnez-moi, messieurs, ajouta le sage Napolitain, si j'ose vous rappeller que le premier devoir d'un voyageur est la tolérance; et que le Turc, qui doit respecter le dieu de l'Italien, dans Saint-Pierre de Rome, a droit d'exiger que l'Italien respecte Mahomet, à Sainte-Sophie. Pardonnez-moi encore, si j'ajoute que, lorsqu'on pourroit être la première nation du monde, il ne faudroit pas se contenter d'être la plus jolie.

En quittant saint Janvier, le philosophe de Naples me montra la place, où l'infortuné Conradin, dernier rejeton de l'illustre maison de Souabe, fut sacrifié, par la main du bourreau, à l'ambition de Charles d'Anjou, et à la détestable politique du saint-siége. Vous savez que Clément IV, ordonna une croisade contre ce jeune prince, plein de courage et de vertu, dont tout le crime étoit de réclamer l'héritage de ses pères ; vous savez que l'arsenal de Rome, regorgeoit alors de ses armes, que le fanatisme et l'ignorance avoient rendues si terribles. Graces aux progrès de la philosophie, leur trempe s'est affoiblie par le temps.

Graces à toi, raison toujours trop lente;
Du Vatican les foudres orgueilleux
Dans les esprits, moins superstitieux,
Ne portent plus l'horreur et l'épouvante.
Ces Paul, ces Innocent, ces Grégoire fougueux,
Qui fouloient à leurs pieds l'éclat du diadême,
N'oseroient, de nos jours, lancer un anathême;
Ni tendre ces filets, trop long-temps respectés,
Où tomboient à l'envi les peuples hébétés.
Tout est changé; la discorde terrible,
D'un hémisphère à l'autre, arme les potentats;
Ensanglante la terre; ébranle les Etats;
Et dans le sien, voit le pape paisible.
Aux disputes des rois, à leurs cruels débats,
Il ne joint plus ses anciennes querelles;
Il est réduit à nous ouvrir les cieux.
On a brisé ses verges paternelles.
On fera plus encore; et tout ira bien mieux.

Si quelque ultramontain s'offensoit
de ma prophétie, je tâcherois de lui
persuader, que la barque de saint Pierre
n'en sera que plus respectable, quand
elle ne transportera plus, à Rome, cet
argent des catholiques, dont la daterie

fait un commerce si scandaleux : et si mon ultramontain me dit des injures, parce que je dis une vérité, j'acheverai de le mettre en fureur, en lui confiant que j'ai vu, sur la mule du pape, plusieurs points que le temps a décousus. Que veux-tu, mon ami ? le temps use tout, depuis le turban du muphti, jusqu'au bonnet à trois cornes du jésuite. Veux-tu voir un exemple formidable de sa puissance ? transporte-toi, à l'occident de Naples, sur un rocher, qu'un tremblement de terre a séparé de la montagne ; tu y verras les débris d'une maison de Lucullus, vainqueur de Mithridate : on t'apprendra que cette maison servit de forteresse, dans les temps postérieurs ; et que c'est là, qu'Odoacre envoya mourir Augustule, dernier empereur d'Occident. Tu pourras te dire : c'est donc sur ce foible écueil, que devoit se briser le redoutable empire romain ! et si ton esprit est tourné à la réflexion, tu en feras plus d'une.

LETTRE XIX.

JE voudrois vous donner une idée de Naples ; mais la situation de cette ville est au nombre de ces beautés, dont il faut se pénétrer sur les lieux mêmes, et qu'on ne décrit point. Naples s'élève, en amphithéâtre, au fond d'une grande baie : au levant, l'œil est conduit, par une pente insensible, à Portici et au Vésuve : cette montagne effrayante termine le tableau, du côté de l'est, et forme, avec les vastes et rians paysages qu'elle domine, un des plus beaux contrastes de la nature : le couchant offre, pour point de vue, la fameuse grotte du Pausilippe, la montagne où repose, dit-on, la cendre de Virgile ; et cette délicieuse côte de Baïa, où les Romains s'abandonnoient à tous les raffinemens du luxe et de la volupté : au nord, se déploie, dans toute sa pompe et ses richesses, la *campagne heureuse*, si digne de porter ce nom : au midi, les îles de Caprée, d'Yschia, de Procida, et de Nizida, meublent la baie, terminée par les promontoires de Misène et de Minerve. Voilà le cadre : et, quant au tableau ; Virgile, le premier peintre du monde, n'osoit l'entreprendre ; Martial, qui avoit senti le pouvoir de ces beaux lieux, disoit que toute Pénélope qui osoit les visiter, s'en retournoit Hélène ; Properce, effrayé de cette dangereuse influence, conjuroit Cinthie de n'y pas rester, trop long-temps, exposée ; enfin, c'est de là que Stace, au contraire, écrivoit à sa femme :

Viens dans ces lieux charmans, tendre objet de mes vœux,
Augmenter les bienfaits de l'aimable nature :
L'été, sans violence, y tempère ses feux ;
Et l'hiver, sans frimats, s'y pare de verdure.

La mer n'a sur ces bords que des flots amoureux.
La volupté tranquille y règne sans alarmes.
De l'oiseau de Vénus c'est l'aimable séjour ;
C'est celui du bonheur ; c'est celui de l'amour.
Ah ! viens ; tu manques seule à ces lieux pleins de charmes.

Relisez la description du temple de l'amour, dans la Henriade ; des jardins d'Armide, et de celui d'Eden ; du verger d'Alcinoüs et de l'île de Calypso ; et dites - vous ensuite : les environs de Naples sont tout cela, mieux encore que tout cela. Figurez-vous un printemps de neuf mois, sous le plus beau ciel de la terre ; un été, dont la chaleur est presque toujours tempérée par le vent d'est, qui s'élève ordinairement, tous les matins ; une végétation qui n'est jamais interrompue ; des arbres couverts de fruits et de fleurs, dans tous les mois de l'année ; des melons exquis, au mois de février ; des figues, en maturité, sur l'arbre qui en porte de naissantes ; enfin, toutes les productions des plus heureux climats. Mais ce qu'il est impossible de se représenter, c'est la vivacité de l'atmosphère ; c'est une transparence dans l'air, dont je ne me lassois point d'admirer les inexprimables effets. Amans de la nature, allez à Naples, si vous voulez connoître la plus belle nature. Allez encore à Naples, si vous êtes curieux d'éprouver des sensations nouvelles.

> Réponds, heureux fils de Cynire ;
> Sur ces lits de verdure enflammas-tu Cypris ?
> Réponds, amante de Zéphyre ;
> As-tu reçu le jour sous ces berceaux fleuris ?
> Je m'y sens retenu par un charme invincible.
> Eugénie ! Eugénie ! ah ! si dans ce moment,
> L'amour nous rapprochoit sous leur ombre paisible ;
> Oh ! comme je dirois à ce lilas charmant,
> A ce jeune oranger, à ce myrte flexible ;
> Portez la volupté dans son ame sensible ;
> Et sur elle, et sur moi, penchez-vous mollement.
> Tous les parfums de l'Arabie
> Sont-ils donc répandus dans ces lieux enchanteurs ?
> Ces plantes, ces gazons, et ces fruits et ces fleurs,

Semblent avoir une autre vie ;

Une autre ame, et d'autres couleurs.

Ce trésor si caché, ce bonheur qu'on implore,

Qu'avec Platon, Pope a cru définir ;

Que tout mortel poursuit, du couchant à l'aurore ;

N'est-il qu'une ombre vaine ? Où peut-on le saisir ?

Je n'en sais rien, plus d'un sage l'ignore ;

Mais c'est ici qu'il faudroit en jouir.

A condition, cependant, qu'une administration, plus industrieuse et plus sage, parviendroit à corriger le caractére national ; et à changer, en hommes, les habitans de Naples.

Peignez-vous les mœurs du satyre,

Et de la brute, au fond des bois ;

Otez aux deux sexes leurs loix,

A la pudeur son doux empire,

A la nature tous ses droits ;

Placez, dans les jardins d'Alcine,

Le brigandage, la rapine,

L'infame superstition,

Une bassesse révoltante ;

Mettez tous les diables du Dante

Dans le paradis de Milton ;

Et vous aurez, à peu près, une idée de cette race d'hommes, la plus indigne espèce de ces animaux blancs, noirs, cendrés, olivâtres, auxquels on est convenu de donner le nom d'hommes. Je ne me rappelle point, sans horreur, que je fus tout couvert du sang de mon cocher, poignardé par son ami, dans une dispute, dont une pièce de douze sous faisoit l'objet. On m'assura que ces horribles scènes étoient journalières à Naples. Ajoutez au portrait de ce peuple exécrable, qu'il gémiroit dans une déplorable misère, et dans le besoin des premières nécessités de la vie, si l'inconcevable fécondité de la nature, à Naples, n'y étoit pas en proportion de la paresse du peuple et de l'ineptie du gouvernement. La mère y prostitue sa fille, et le mari sa femme, pour la moindre des superfluités ; et cependant, dit le président de Montesquieu ; ces gens-là tombent dans un abattement affreux, à la moindre fumée du Vésuve ; ils ont la sottise de craindre de devenir mal-heureux.

La population est prodigieuse à Naples: elle n'est donc pas, direz-vous sans doute, la preuve infaillible du bonheur des peuples ? J'allois répondre à cette question. Mais on m'apporte *la monarchie prussienne* : et comme il me seroit impossible de mieux dire que son auteur, je dirai comme lui : « Si l'on veut juger,
» par la population, de la bonté du
» gouvernement, et de son action sur
» le bien-être des peuples , il faut faire
» attention au climat, dont l'influence
» est double ; car il agit d'abord sur
» l'espèce humaine , en lui donnant et
» plus d'ardeur , et plus de fécondité :
» ensuite, sur la nature végétale et ani-
» male, en rendant l'une et l'autre plus
» productives. Le climat fournissant
» ainsi plus de moyens de nourriture à
» l'homme, atténue les inconvéniens des
» administrations

» administrations vicieuses. Il faut peu
» d'erreurs des gouvernemens , pour
» rendre l'espèce humaine clair-semée
» sur les parties septentrionales du globe ;
» tandis que la plus insensée des admi-
» nistrations peut seule empêcher les
» contrées méridionales de nourrir une
» grande population. C'est ainsi que ,
» ni la superstition, ni les moines , ni
» les délires du gouvernement , n'ont
» pû empêcher le royaume de Naples
» et la Sicile de rester au nombre des
» pays les plus peuplés de l'Europe ;
» tandis que le seul Charles XII a fait
» de la Suède presque un désert. C'est
» ainsi que la Pologne et la Livonie
» seroient depuis long-temps le domaine
» des loups et des ours , si la fertilité
» prodigieuse de ces pays à grains, ne
» résistoit pas aux meurtriers effets de
» l'aristocratie de la noblesse , et de la
» servitude du paysan. »

LETTRE XX.

ON demandoit à un philosophe ce qu'il avoit vu en Grèce : *le temps*, répondit-il , *qui démolissoit en silence*. Ce mot n'a pas besoin de commentaire ; toutes les idées qu'il fait naître vous assaillent, dans les environs de Naples. La terre y est jonchée de monumens antiques. On y marche sur des ruines. De la colonne brisée, sur laquelle on se repose, on s'enfonce dans le passé, on s'élance dans l'avenir. Le voile du temps se déroule. Je les voyois passer devant moi, et ces empires, détruits les uns par les autres, et ces grands personnages , devant lesquels se taisoit la terre étonnée ; et cette suite de Césars, qui ont tous fini par une mort violente ; car on sait que le premier fut assassiné par Brutus, et que Livie fut fortement soupçonnée d'avoir avancé les jours d'Auguste. Tibère mourut, étouffé par l'ordre de Caligula ; lequel, à son tour, fut poignardé par Chéréas ; le poison termina la vie de Claude, et Néron fut contraint de se tuer lui-même (1). J'étois assis sur les ruines d'un palais de Marius : et lui, aussi me disois-je, on le trouva assis

---

(1) A cette étrange destinée de tous les Césars, on pourroit joindre cette réflexion d'un vieillard arabe : on apportoit à un calife de Syrie, la tête de son concurrent, au califat. Tous les courtisans, suivant l'usage, le félicitoient sur son bonheur. Le vieillard, seul, gardoit un profond silence. A quoi penses-tu donc, bon homme, lui dit le calife ? Je pensois, répondit le vieillard, que, dans cette même place, où je suis, j'ai vu présenter la tête de Hoséin à Obéid ; celle d'Obéid, à Moktar ; celle de Moktar, à Musab ; et que voilà celle de Musab, qu'on te présente. Je pensois encore que mon père avoit cent ans, lorsque sa vie s'éteignit, tout doucement, dans mes bras ; que j'en ai quatre-vingts ; et que je vis dans l'espérance, quand je rendrai mon corps aux élémens, de rendre aussi mon dernier soupir, dans le sein de mon fils.

sur les ruines de Carthage. O médiocrité ! douce compagne de ma vie !
heureux qui se repose avec toi, à l'ombre
de l'arbre qu'il a planté ! Un anglois,
qui m'avoit précédé, dans les mêmes
lieux, frappé sans doute des mêmes réflexions, les avoit gravées sur l'écorce
d'un sycomore, dans deux vers anglois,
dont voici le sens :

> En France, à Londre, en Italie,
> Qui que tu sois : *cache ta vie.*

C'étoit, comme vous savez, le mot
favori d'Aristippe, et le précepte, dont
retentissoit son école. Il me fut répété,
par Aristippe lui-même, au milieu des
champs Élysées ; car vous savez encore
que l'on trouve, dans ces belles campagnes, toutes les richesses de la mytho-
logie ; et les champs de feu, où Jupiter
écrasa les Titans ; et la Solphatare, fu-
mant encore de son foudre redoutable ;
et cette montagne, sortie, tout-à-coup,

des entrailles de la terre; comme si les
Titans avoient voulu tenter de nouveaux
efforts, contre leur vainqueur; et la
place, où Ulysse consulta les manes de
Thyrésias; et l'antre de la sibylle de
Cumes; et l'Achéron; et la bouche de
l'Averne; et les champs Elysées, vallon
charmant, qu'embellit un printemps
éternel. C'est-là que, fatigué de neuf
heures de marche, couché sur le gazon,
à l'ombre d'un grand cyprès, rafraîchi
par plusieurs filets d'une eau pure et
transparente, qui serpentoit, autour de
moi, entouré de plusieurs milliers de
tombeaux, et dans le silence de la nature,
je m'endormis, en finissant le sixième
livre de l'Enéïde.

> Le dieu qui préside au repos,
> Le bon Morphée avoit à peine
> Agité, sur moi, ses pavots,
> Que, loin du sauvage Anthistène,
> D'Héraclite et du noir Timon,
> Je vis une ombre, dans la plaine,

O 3

Qu'écoutoient Ovide, Platon,
Sapho, Catulle, Anacréon;
C'étoit le sage de Cyrenne;
Et je l'abordai, sans façon.
Encor tout plein de la leçon
Du sycomore de Misène,
Je dis au sage en l'abordant :
Le destin m'accorde un instant,
Pour m'instruire, aux lieux où vous êtes.
Heureux, sans doute, en ces retraites,
Peut-on l'être de son vivant?
Pourquoi non, répondit le sage?
Je le fus à la cour des rois;
Mais beaucoup plus dans mon village;
Avec des livres, quelquefois;
Avec l'amour, bien davantage.
Tu viens du pays de l'erreur.
Ecoute; apprends à te connoître :
Les seuls mobiles de ton être
Sont le plaisir et la douleur.
Laisse le sophiste et le prêtre,
Déraisonner sur le bonheur;
Et toi, consulte la nature.
L'opinion qui plaît au cœur,
Est l'opinion la plus sûre.
Je vois des roses dans ta main;

Combien j'en cueillois à ton âge !
Mais j'avois souvent le courage,
De différer au lendemain.
Non moins ardent, sois aussi sage.
Des excès de la volupté,
Naquit un jour l'indifférence,
Le dégoût, la satiété.
L'homme n'a rien, sans la santé,
Heureux fruit de la tempérance.
Chéris sur-tout la liberté ;
Elle est, avec l'obscurité,
Le plus doux charme de la vie.
Malheur à qui les sacrifie
Au néant de la vanité,
Aux soins de la célébrité ;
A la trop dangereuse envie
D'être utile à l'humanité.
Quel est le plus sage des hommes ?
Celui dont on ne parle pas.
Adieu. Dans l'asyle où nous sommes,
Viens le plus tard que tu pourras.
Du profond néant d'ici-bas,
Qui, mieux que moi, pourroit t'instruire ?
Mais je respecte ton bonheur.
Je sais trop qu'une utile erreur,
Vaut mieux que le vrai qui peut nuire.

Il étoit dans l'ordre, après avoir lu la descente d'Enée aux enfers, de visiter le tombeau de Virgile, en retournant à Naples. Je me trouvois dans une disposition d'esprit fort heureuse, pour adopter des fables. Mon imagination étoit montée. Je cueillis donc, avec respect, quelques feuilles du laurier miraculeux, qui, depuis près de deux mille ans, ombrage, dit on, le tombeau de ce grand poète ; et j'en fis une couronne, que j'envoyai à Voltaire (1). Au reste, vous seriez indignée de l'abandon, où les Napolitains laissent ce précieux monument de l'antiquité : une forêt de ronces en défend l'approche. J'y entendis siffler un serpent ; c'étoit, sans doute, celui de Mœvius, qui, comme on sait, ne mourra jamais.

Virgile, c'est donc là que repose ta cendre !
Quoi ! sur ces bords charmans ta voix se fit entendre ;

____

(1) Avec ce vers d'Horace :

Laureá donandus appoïlinári.

Naples fut ton asyle ; et tes manes en pleurs,
Autour de ce laurier, languissent sans honneurs!
Quel est donc en tout temps le destin du génie?
Le jaloux Mœvius empoisonna ta vie ;
Bathile te voloit ; et ton urne en ces lieux,
Ton urne est de serpens un repaire odieux!
Mais, qu'ai-je dit? pardonne, ombre illustre et plaintive :
Non, parmi des ingrats, non, tu n'es point captive ;
De l'aurore au couchant, l'écho chante tes vers ;
Pour temple et pour tombeau, Virgile a l'univers.

LETTRE XXI.

Le mont Vésuve, moins redoutable, en apparence, que le mont Etna, n'est pas moins célèbre que lui, par d'horribles catastrophes. Vous savez qu'Herculanum et Pompéia, furent englouties dans le premier embrasement de cette montagne, dont l'histoire fasse mention, et qui dut être bien terrible, puisque les cendres furent portées jusqu'en Afrique, et que la lumière du soleil fut obscurcie, à Rome, pendant plusieurs jours. Vous avez lu, sans doute, les deux lettres de Pline le jeune, à Corneille Tacite, qui lui avoit demandé quelques détails, sur ce grand événement : tout cela, dit l'éloquent historien de la nature, n'étoit cependant que du bruit, de la fumée et du feu. Oui, sans doute, pour le physicien ; mais l'homme sensible, que doit-il penser de ces épouvantables convulsions de la nature ? C'est ici, sur-tout, qu'on est également frappé de sa puissance, et de la foiblesse de l'homme. Que de siècles s'étoient écoulés sur ce rivage ! combien de générations avoient dû s'y succéder, pour qu'Herculanum parût ! Un instant suffit à la nature pour la faire disparoître. Les savans n'ont pu former que des conjectures, plus ou moins incertaines, sur l'époque et l'auteur de sa fondation ; et les causes de sa destruction sont écrites, dans des

caractères, que le temps ne détruira
jamais.

> Ainsi devroient fumer encore
> Les feux, que le ciel alluma
> Sur Zéboïm, et sur Gomorrhe,
> Sur Sodome, et sur Adama.
> Beau sexe, objet de mon hommage,
> Le ciel n'a point assez de feux,
> Ni des tourmens trop rigoureux,
> Pour le monstre qui vous outrage.
> Mais vous, aimables habitans
> D'Herculanum et de Stabie,
> Vous, dont les arts et les talens,
> Vénus, Melpomène et Thalie,
> Embellissoient tous les momens ;
> Ah ! de vos jeux et de vos fêtes,
> Le ciel sans doute étoit jaloux,
> Lorsque du Vésuve en courroux,
> Il lança les feux sur vos têtes.

Cette jalousie des dieux, est une vieille
sottise, consacrée par le temps, et adop-
tée par tous les poètes, depuis Homère
jusqu'à nous. Martial vous dira, de plus,
que les dieux se repentirent de la ruine

d'Herculanum ; comme si les dieux, qui ont tout prévu, pouvoient se repentir de quelque chose. Et moi donc, en ma qualité de poète, pourquoi ne déraisonnerois-je pas, tout comme un autre ? pourquoi craindrois-je de dire, qu'aucun peuple, sur la terre, n'eût plus de titres à la protection des dieux, que celui d'Herculanum, puisqu'aucun ne les adora dans un emblême plus auguste ? Voici un nouvel exemple des grands changemens, que le temps amène sur la terre ; il faut que je vous demande pardon, de fixer un instant vos yeux, sur un objet qui fut celui de la vénération des anciens. Si vous pouviez en être curieuse, Hérodote, Plutarque et Diodore, vous apprendroient l'histoire du *Phallus*. Son culte, établi d'abord en Egypte, fut porté chez les Grecs, et de là, chez les Romains, leurs imitateurs en tout. La galerie du roi de Naples, à Portici, en offre, par milliers, des représentations, de toutes les formes, de toutes les proportions imaginables. C'étoit l'instrument, avec lequel les prêtres faisoient l'ablution lustrale : on le portoit en procession dans les campagnes, pour obtenir d'abondantes moissons. Athénée parle d'un *Phallus*, de cent-vingt coudées de longueur , qui fit l'ornement d'une fête bachique, sous Ptolomée Philadelphe. Je l'ai vu, sculpté, dans une rue de Pompéia , sur le pilier d'une maison ; exposé à la vénération du peuple , comme les représentations de nos saints , dans nos villes catholiques. La femme stérile l'attachoit sur ses reins, pour se procurer la fécondité; enfin , la jeune fille, se lavoit innocemment dans une cuvette , dont ce trait caractéristique étoit , à la fois, l'ornement et le support. M. d'***, célèbre antiquaire , qui vouloit bien m'accompagner, dans toutes mes courses, aux environs de Naples , m'en fit remarquer un , avec de petites clochettes : nous conjecturâmes que c'étoit un grelot d'enfant.

Laissons la prude austère , et le triste pédant ,
Infulter aux anciens , crier à l'infamie ;
Et nous , au pur creuset de la philosophie ,
Mettons l'objet d'un culte , aujourd'hui peu décent.
Du bienfaiteur du monde il étoit un emblême.
On préparoit l'enfant au bonheur de sentir ,
En mettant sous ses yeux cet organe suprême.
On l'élevoit à Dieu , fur l'aile du plaisir.
Vois Dieu , lui disoit-on , aux sources de la vie.
Dans ce symbole auguste , apprends à révérer ,
De l'auteur du grand tout la puissance infinie ;
Sois heureux , pour lui plaire ; et sens , pour l'adorer.

Il falloit nous voir et nous entendre, dans les souterrains d'Herculanum et de Pompéia. Vous connoissez ma passion pour l'antiquité. Cette conformité de goûts m'avoit lié avec M. d' * * * , homme d'une érudition prodigieuse ; cachant, sous l'apparence de la pesanteur, une ame de feu , qui répondoit parfaitement à la mienne. Je l'électrisois puissamment; et il tonnoit dans les rues d'Herculanum et de Pompéia. Ames froides et communes, vous auriez ri de nous; vous ne connoissez pas le plaisir, attaché à un semblable délire : mais vous, mon aimable amie, vous concevrez pour ces gens-là, que, s'il est un lieu, sur la terre, où il soit permis de s'abandonner à l'enthousiasme, c'est dans Herculanum, ensevelie et conservée, sous les laves, à quatre-vingts et cent pieds de profondeur ; où l'on a découvert, parmi d'autres monumens, d'une riche architecture, un vaste théâtre, qui, selon les calculs de Vinkolman, pouvoit contenir trente mille spectateurs ; et d'où l'on a tiré cette prodigieuse quantité de statues, de bas-reliefs, de colonnes, de peintures, de vases, de lampes, d'urnes, et de trépieds, presque tous des beaux jours de la Grèce, et de la main des plus grands maîtres. Je déplorois amèrement le sort

de cette ville infortunée. Et moi, s'écria-
t-il, je suis tout consolé de cette violente éruption du Vésuve. Elle seule,
pouvoit dérober tant de trésors à la
fureur des Barbares, qui se répandirent,
en Italie, quelques siècles après. Tandis
qu'ils abattoient les chefs-d'œuvre d'architecture , qu'ils déchiroient les tableaux, mutiloient et enfouissoient les statues, qu'ils s'efforçoient, enfin, d'anéantir
les arts ; la terre en conservoit dans son
sein de précieux modèles, échappés aux
combats des élémens. La barbarie des
hommes opéroit, ce que le plus terrible
volcan n'avoit pu faire.

Je viens de lire l'ouvrage du docteur
Moore, sur l'Italie. Il a imprimé, presque
mot pour mot, ce que j'avois pensé avant
lui, dans une rue de Pompéia. Les voilà
donc , disois-je à M. d'ª ª ª , ces
vénérables habitations des anciens, sans
toits, sans couvertures , exposés aux ra-
vages inévitables du temps. Ah ! mon
ami ,

mi, si le dieu du goût pouvoit les transporter en France, ou en Angleterre,
avec quelle joie, avec quel respect elles
y seroient reçues ! quelle pitié, de voir
des précieux restes de l'antiquité, dans
cet état d'opprobre et d'humiliation ;
tandis qu'une vilaine petite maison de
briques, a été si bien accueillie par la
superstitieuse ignorance ! quel malheur
que le gouvernement de Naples ne vous
ait pas chargé de la direction de ces
grands travaux ! Vous auriez choisi la
plus belle maison de Pompéia. Vous
l'auriez réparée, avec autant de connoissance de l'antiquité, que de vénération
pour elle. Vous auriez ordonné qu'on
y laissât les peintures et les ornemens,
dont elle se seroit trouvé décorée ; et
vous l'auriez remplie d'ailleurs de tous
les meubles et ustensiles, à l'usage des
anciens. C'eût été un monument, unique
sur la terre. Vous en feriez les honneurs
aux étrangers, dignes de le visiter. C'est

Tome I.   P

là que vous me permettriez de lire avec vous l'ouvrage curieux que vous allez publier sur les vases étrusques, dans lequel vous avez déployé cette grande connoissance de l'antiquité, qui vous met au premier rang de ses adorateurs les plus célèbres.

Je serois transporté, par des chemins de fleurs,
Aux siècles du bon goût, de l'esprit et des graces.
Je verrois le berceau de ces arts enchanteurs,
Dont vous suivez, si bien, les progrès et les traces.
Vous m'environneriez des festons glorieux,
Suspendus par les Grecs au temple du génie ;
Et qu'encor, de nos jours, l'artiste ingénieux
S'efforce d'imiter, en pâlissant d'envie.

Ah ! ne pensons point au superflu, me répondit-il, quand nous manquons même du nécessaire. Voyez avec quelle lenteur se font les fouilles. Il y a plusieurs années que cette ville a été découverte ; et on ne jouit encore que de la rue, où nous sommes. N'y a-t-il pas de quoi se désoler de tous ces encombremens de cendres, qui ne font que changer de place ; et que ces trente mille *Lazaroni*, dont il faudroit nettoyer les rues de Naples, pourroient enlever, à si peu de frais, et dans si peu de temps ? Nous venons de parcourir les superbes environs de Pouzzole. Connoissez-vous rien de plus noble, de plus imposant, de plus majestueux, que les ruines que nous y avons admirées ? ne promettent-elles pas d'inestimables découvertes, dans tous les genres ? Eh bien, le gouvernement de Naples ne se contente pas de négliger ces mines précieuses ; il en défend encore l'ouverture aux particuliers qui seroient assez riches et assez curieux pour l'entreprendre. Cela rappelle l'eunuque de Piron, qui ne *fait rien, et nuit à qui veut faire.* Vous savez le sort de cette nombreuse collection de manuscrits, trouvés à Herculanum. Une partie reste oubliée dans le muséum de Naples ; l'autre a été transportée à Madrid ; c'est précisément Ovide au milieu des Gètes..

On m'avoit prévenu que le roi de Naples affectoit le plus grand mépris pour la politesse et l'élégance française ; mais on peut être un fort bon prince, et ne pas sacrifier aux graces ; et quoique Français, je crus devoir des hommages à un prince de la maison de France. La cour étoit à Caserte. L'accueil que me fit le roi, très-jeune alors, fut tel qu'on me l'avoit annoncé. Nous étions trois Français : il passa la plus grande partie de son dîner à copier en charge, de moi, mon port de tête ; du second et du troisième, je ne sais plus quoi. Tout cela, sans doute, étoit fort plaisant ; mais je n'en trouvai pas son palais plus beau. Ce vaste bâtiment me parut lourd, froid, et de très-mauvais goût. Il est aussi triste, aussi mal situé que le château de Versailles ; et, comme lui, un abyme de dépenses. On m'avoit vanté une île factice, chef-d'œuvre de l'art des jardins. Figurez-vous une misérable grenouillère, au milieu de laquelle s'éleve une forteresse, en miniature, garnie de petits remparts, hérissée de petits canons, pointés, dit plaisamment le docteur Moore, contre les grenouilles qui la menacent. Avouez qu'il faut avoir un goût bien déplorable pour parodier si ridiculement la baie de Naples, et les îles charmantes dont elle est ornée.

Je prendrois la liberté (1) de le dire au roi de Naples, lui-même ; et je sais qu'il pense trop noblement, pour être offensé de cette noble franchise : il avoit manqué à la nation française, laquelle a des droits particuliers à sa bienveillance ;

____

(1) Et que seroit cette liberté, comparée à l'audace d'un avocat, de Naples, rapportée dans un ouvrage, qu'on vient de publier sur l'Italie ? Cet homme a osé imprimer, et ce mémoire s'est vendu publiquement à Naples : *Ne sait-on pas que notre roi est un Polichinelle, qui n'a pas de volonté ?*

P 3

mais j'eus grand soin de l'observer chez le ministre *Tanucci*, et assez haut, pour que ce juste reproche parvînt à ceux qui présidoient à l'éducation du prince: c'étoit leur faute, et non la sienne; peut-être, aussi, (car, en condamnant les préjugés, de nation à nation, il faut être exempt, soi-même, de tout préjugé national) peut-être étoit-ce le tort de ces Français inconsidérés, qui, promenant, de pays en pays, leur insupportable fatuité, semblent n'avoir d'autre but, en voyageant, que d'étendre et de fortifier, contre le nom français, des préventions, plus ou moins défavorables. Quoi qu'il en soit, ce prince, à peine adolescent, ne pouvoit savoir encore, que celui - là, sur - tout, contracte, en naissant, la plus stricte obligation d'être honnête, auquel on ne peut demander raison d'une malhonnêteté ; et le comble de l'injustice, seroit de rendre aujourd'hui la politesse et l'affabilité connues du monarque, responsables de la légèreté du roi enfant ; ou, pour mieux dire, des fausses impressions qu'il avoit reçues. Je vous prie donc de ne voir, dans ce qui me reste à vous dire, que mon aversion, pour cette classe d'hommes, appellés courtisans, et mon empressement à recueillir tout ce qui peut justifier le mépris qu'ils m'inspirent. Je demandai, à l'un d'eux, quels étoient les goûts et les occupations favorites du jeune roi. M. le chevalier, me répondit-il, de cet air capable, dont la sottise, et sur-tout la sottise titrée cherche à cacher son néant : Notre jeune *maître*, est le meilleur joueur de billard de l'Italie, et sera, je crois, le plus déterminé des chasseurs. On seroit tenté de croire que, si ce n'étoit pas là une épigramme, il y avoit du moins quelque finesse là-dessous : comme, par exemple, que, si c'est peu pour la gloire, c'est beaucoup pour le bonheur des peuples ;

et qu'il leur en coûte trop, d'être gou-
vernés par des héros; mais, point du
tout : cet homme étoit naïf; il ne soup-
çonnoit même pas que les rois, qui,
comme on sait, tiennent incontestable-
ment du ciel le droit de commander,
pussent devoir quelque chose, à ceux
qui obéissent; et trouvant, après y avoir
bien réfléchi, qu'il étoit plus aisé de faire
une bille qu'une loi, et de tuer des bêtes
que de gouverner des hommes; il con-
cluoit, en bon logicien, que ce qu'un
roi avoit de mieux à faire, étoit de
chasser et de jouer au billard. Quant à
ses peuples,

Moutons, canaille, sotte espèce;

Il auroit dit volontiers, comme le renard,
au lion :

Vous leur ferez, seigneur,
En les croquant, beaucoup d'honneur.

Au reste, le roi de Naples, occupé
aujourd'hui à perfectionner son mili-

(233)

taire, et à donner, à ses états, une
forme d'administration plus sage, prou-
vera, sans doute, que, de la même main
dont on excelle aux jeux d'adresse, on
peut tenir, non moins habilement, les
rênes de l'empire. Il faut avouer que ce
prince, a une grande révolution à opérer :
son royaume n'est rien, dans le système
politique. Quelques bâtimens à rames,
et deux ou trois vaisseaux, du second
et troisième rang, composoient alors
les forces maritimes de l'état le plus
avantageusement situé sur la mer ; le
commerce y languissoit : je vis la famine
moissonner les hommes, par milliers,
sur la terre la plus fertile de l'Europe.
Mais, il faut tout dire, on y mouroit
tributaire du saint-siége, et cela est tout-
à-fait consolant.

LETTRE XXII.

Mon projet , en quittant hier le royaume de Naples, étoit de vous promener , aujourd'hui , dans cette campagne heureuse, que l'élégant Florus a si bien peinte ; dans cette tèrre délicieuse , qu'au milieu des sables et des roches de la terre sainte, se rappelloit douloureusement le Frédéric du treizième siècle , aussi peu dévot que le grand Frédéric du dix-huitième , et dont il disoit que, si le *Dieu des juifs l'avoit connue , il auroit fait moins de tapage pour sa terre promise.* Je comptois, en passant à Minturne, vous faire jeter les yeux sur les marais que forme le Liris ; où le redoutable Marius fut réduit, après avoir détourné des fleuves, à se cacher dans la boue ; et , pris par les émissaires de Sylla, livré, la corde au cou, aux magistrats de Minturne, leur échappa, par cet ascendant des grandes ames sur le vulgaire des hommes. Je voulois vous conduire à Formies ; et, mon Plutarque à la main, vous montrer la place, où l'indigne Popilius Lenas assassina, si lâchement, son bienfaiteur, et celui de la république romaine, le père de la patrie et de l'éloquence, ce grand homme, dont Tite-Live a dit, qu'il ne seroit jamais loué dignement, parce qu'il ne se trouveroit jamais un autre Cicéron. Mais comme il s'agit, non de voir tout, mais de bien voir, et, sur-tout, de ne pas imiter le reproche de l'intimé à petit Jean : *Quand aura-t-il tout vu ?* Pressons-nous d'arriver à Rome.

> Allons les voir ces murs du capitole,
> Lieux, où jadis l'auguste liberté
> D'un peuple fier fut la plus chère idole ;
> Et dont la croix, l'encensoir et l'étole,
> Si saintement, en toute humilité,

Comme l'on sait ont depuis hérité.
Aux pieds bénis du père des fidèles,
Dans cette Rome , où le grand Scipion
Vit son front ceint de palmes immortelles,
Allons chercher une absolution.
O jeux du sort ! que vous êtes bizarres !
Foible mortel, quels projets sont les tiens !
Ici , le chef d'un troupeau de barbares
Vient élever Rome , pour des chrétiens.
Là , Constantin, pour une secte impie ,
Fonde sa ville ; et Dieu même permet,
Que l'ignorance adore Mahomet ,
Dans le beau temple , érigé pour Sophie.

Je voudrois vous communiquer les sensations que j'éprouvois , en approchant de Rome; en cherchant, au bout de l'horizon, cette ville célèbre ,

« Rome , dont le destin , dans la paix, dans la guerre ,
» Fut d'être, en tous les temps, maîtresse de la terre.

Ils se retraçoient à ma pensée les héros, et les beaux génies, qui ont figuré sur ce grand théâtre. Ils n'y sont plus, me disois-je : ah ! je sais trop, qu'ils n'y sont plus ; mais ce qui reste de leurs maisons , et de leurs tombeaux , s'animera pour me parler d'eux , pour me pénétrer de cette religieuse vénération, qu'on doit à la vertu. Je foulerai cette terre, qui les vit naître , et qu'ils ont illustrée. Je respirerai , là , où Brutus et Caton respiroient , l'ardent amour de la liberté ; où Cicéron tonnoit contre les ennemis de la patrie. Puis, tout-à-coup, je regardois autour de moi ; et cette vue me ramenoit, bien tristement, aux Romains du jour. Si la peste avoit ravagé la campagne de Rome , elle ne seroit pas plus déserte : nulle trace de culture et d'industrie ; pas un arbre, pas un enclos ; quelques misérables villages , à de grandes distances les uns des autres ; et, çà et là , des ruines de temples, et de tombeaux. Voilà ce fameux Latium, dans son état actuel : c'est au milieu du silence et de la mort, qu'on avance vers le capitole ; et, c'est au capitole, que le dialogue de Marc - Aurèle et de frère Fulgence, me revint à l'esprit, et que chaque trait de ce badinage ingénieux me parut une vérité frappante.

J'avois des lettres pour le sénateur : on me conduisit chez un Suédois, que sa conversion avoit élevé à cette dignité : je trouvai un homme, plein de gaieté, de finesse et d'esprit. Je le vois, me dit-il, vous cherchez ce sénat auguste, qui parut, à l'ambassadeur du roi d'Epire, une assemblée de demi-dieux : n'allez pas plus loin ; c'est moi, oui, vous dis-je, c'est moi, qui le représente. Mes chevaux occupent la place, où étoient les boucliers tombés du ciel, les livres des sibylles, et les archives du peuple romain. Si le sénat actuel de Rome, vous paroît une farce pitoyable, je vous propose d'assister, dans quelques jours, à une bouffonnerie plus pitoyable encore, aux honneurs du triomphe, accordés à de jeunes artistes : j'ignore s'ils rougiiront, en passant devant la fameuse colonne rostrale; pour moi, je n'approche jamais de la statue de Rome triomphante, sans baisser les yeux, et sans lui demander pardon du rôle que je joue, dans cette dégoûtante parodie de l'ancienne Rome. Voyez, ajouta-t-il, ce beau globe de bronze; voyez comme il est tout couvert de poussière : il faisoit autrefois l'ornement de la colonne trajane ; il contenoit les cendres de l'empereur Trajan; et, comme de raison, il a cédé la place à une vilaine petite statue de Céphas, qui figure aujourd'hui sur la colonne, érigée au vainqueur des Daces et des Parthes. C'est ce qui s'appelle avoir le sentiment des convenances. Avouez que nous sommes de vrais modèles de bon goût.

Vous êtes encor plus, lui dis-je, avec colère.
    Quoi ! vous laissez dans la poussière
Ces restes d'un héros, cette urne de Trajan !
    Et dans l'église de Latran,

Vous fêtez comme un dieu, ce mortel sanguinaire,
Cet imposteur adroit, ce farouche tyran,
    Bourreau de sa famille entière;
Qui, monté sur le trône, à force de forfaits,
    Y fit monter le fanatisme;
Et contre des remords, qu'on n'apaise jamais,
    Infame aux yeux du paganisme,
Dans des dogmes nouveaux alla chercher la paix!
La paix! il n'en est point pour un monstre semblable....
Pardonne; j'oubliois, bienheureux Constantin,
Que tu jouis, au ciel, d'un bonheur ineffable;
    Et que l'ami du genre humain,
Trajan, du bien qu'il fit, est puni par le diable.
Il ne vit point dans l'air cet étendard divin,
Ce fameux *Labarum*, gage de ta victoire;
Des vicaires de Christ le riche territoire
    Ne fut pas un don de sa main.
Il ne se souilla point, dans sa fureur jalouse,
Ni du meurtre d'un fils, ni du sang d'une épouse,
    Ni du massacre des vaincus.
    Il n'offre, enfin, que des vertus;
Et pas un de ces traits, qu'on canonise à Rome;
    Qui sont le cachet des élus,
    Rarement celui du grand homme.

Je relis ces vers; et franchement, je
les trouve assez médiocres; mais, comme

je

je les fis à Ferney, et qu'ils exprimoient,
tant bien que mal, l'opinion de Voltaire
sur Constantin qu'il abhorroit presque
à l'égal de la religion que Constantin
avoit mise sur le trône, ils me valurent
un de ces jolis quatrains que le malin
vieillard prodiguoit à ses adorateurs; et
dont, presque toujours, leur petite vanité ne manquoit pas d'être la dupe.

Cet homme extraordinaire, qui, parmi
les grands talens dont l'avoit enrichi
la nature, avoit, sur-tout, celui de saisir
et de rapprocher les contrastes, auroit
été trop heureux à Rome, où les singu-
larités de ce genre se présentent à chaque
pas. Le vaste et superbe édifice des
bains publics, institués, comme on sait,
pour étendre les progrès de la population,
est changé, aujourd'hui, dans un couvent
de moines, dont le célibat est le premier
vœu. Allez-vous au janicule ? la garde
y est montée par des capucins. Vous
trouvez au sommet du capitole le temple

de Jupiter Capitolin , desservi par des cordeliers. Il y a un si grand nombre de temples antiques, changés en églises, tels que ceux de Vesta, de Rémus et de Romulus, de Faustine et d'Antonin, que ces métamorphoses cessent de frapper, à force d'être communes, et s'effacent de la mémoire, les unes par les autres. Mais ce que je n'ai pas oublié d'avoir vu à Sainte-Marie majeure, bâtie elle-même sur les ruines du temple de Junon; c'est une colonne, très-élégante, seul monument qui reste du temple de la paix. Cette colonne est surmontée d'une statue de la Vierge. Voilà, me dis-je d'abord, le digne pendant de saint Pierre, sur la colonne trajane; car je n'avois pas assez d'esprit pour appercevoir un rapport entre la Vierge et une colonne. Il me fallut le secours d'une inscription latine, dont voici le sens : *Il étoit juste que celle, qui enfanta le roi de paix , s'appuyât*

sur une colonne du temple de la paix.
Qu'en dites - vous , madame ? Le pape
Borghèse, qui trouva cette pointe, ne
méritoit-il pas de naître, deux siècles
plus tard, pour disputer la palme du
calembourg , à quelques - uns de nos
beaux esprits modernes ?

Vous m'avez interdit, avec raison, la
description des monumens qui décorent
la capitale du monde chrétien. En effet,
s'il étoit possible d'être neuf, en traitant
des sujets semblables, on seroit encore
monotone et fatigant. Mais votre juste
horreur pour l'atrocité des principes
dont les juifs faisoient profession , et
pour les brigandages religieux qui distinguent ce petit peuple de tous les
peuples de la terre, vous fera partager
le plaisir que j'eus à considérer l'arcade
et les deux colonnes, élevées par Trajan
à l'honneur de Titus ; dont le plus grand
bienfait , peut-être, de tous les bienfaits
qui signalèrent sa vie, fut d'avoir détruit

où dispersé les serpens, dont Jérusalem étoit le repaire. Les juifs, établis à Rome, n'approchent point, sans détourner les yeux, de ce beau monument de leur ruine, où l'on distingue encore dans des bas-reliefs, d'un goût exquis, le tabernacle, le chandelier à sept branches, et la trompette du jubilé. L'arc de Tite est, pour eux, ce que devroit être leur histoire, pour tout ce qui n'est pas juif.

Pour moi, quand je vois ces annales
D'intolérance et de fureur ;
Quand je sonde la profondeur,
De ces archives infernales ;
Je reste, immobile d'effroi ;
Je sens mon ame défaillante ;
Et sur ma main foible et tremblante
Ma tète tombe malgré moi ;
Tel, à ce sacrifice impie,
Où la religion, unie
A la féroce ambition,
Versa le sang d'Iphigénie,
On peint le triste Agamemnon.

LETTRE XXIII.

QUAND il n'y auroit que Rome dans toute l'Italie, il faudroit se rendre à Rome, de toutes les parties du monde ; et quand il n'y auroit à Rome que le seul temple de saint Pierre, il faudroit y venir encore ; il faudroit voir ce monument, que Montesquieu compare aux Pyrénées, *où l'œil, qui d'abord croyoit les mesurer, découvre des montagnes derrière des montagnes, et se perd toujours davantage.* Jules II, parvenu à l'âge de quatre-vingts ans, ne pouvant plus endosser la cuirasse, et fatigué lui-même des grands mouvemens dont il avoit agité l'Italie, ne devoit pas s'éteindre, comme le vulgaire des rois, dans la tranquille obscurité de son palais. Ce génie audacieux et entreprenant se ranima sur les bords de la tombe, et conçut l'idée de ce temple fameux : il en posa la première pierre; et Léon X, héritier des vues de son prédécesseur, les étendit encore; et imposa aux papes, qui le suivirent, la nécessité d'achever ce grand ouvrage.

Des nombreux successeurs de ce fameux Barjône,
Le premier des élus, qui, dans ses doigts bénis,
    Tint les deux clefs du paradis;
    Aucun n'occupa mieux le trône,
    Ne fut plus grand que Médicis.
S'il se servit des clefs du céleste lambris,
    Ce fut pour en faire descendre
Des beaux-arts, qu'il aima, la troupe aimable et tendre.
Melpomène et Thalie embellirent sa cour.
La volupté remplit sa brillante carrière.
    Heureux pontife, on le vit, tour-à-tour,
    Sacrifier au temple de l'Amour,
    Et travailler à celui de saint Pierre.

Mais, pour y travailler, il falloit de l'argent; il en falloit plus que le trésor des papes n'en pouvoit fournir. De-là, comme on sait, la vente des indulgences, et cette jalousie de moines, si ridicule dans son principe, si terrible dans ses conséquences; de-là, ces guerres de religion, qui firent, de l'Europe entière, un théâtre de carnage; et dans la moitié de l'Europe, l'anéantissement de la religion des papes, et de leur jurisdiction spirituelle. Il faut avouer, disoit Benoît XIV, que nous payons un peu cher l'honneur d'être adorés dans le plus beau temple de l'univers.

Il existe vingt descriptions du temple de saint Pierre; mais vous ne trouverez nulle part l'anecdote suivante. Deux étrangers étoient à Rome, du temps de Léon X; ils visitoient le panthéon, et ne se lassoient point d'admirer ce chef-d'œuvre de l'architecture antique. Le Bramante aura beau faire, disoit l'un d'eux; il n'imaginera rien au-delà de cette coupole. Il fera mieux, repliqua le Bramante, qui étoit là, et que les deux étrangers ne connoissoient pas ; il saura se donner un point d'appui dans les airs, et y porter cette coupole énorme. Ne croit-on pas entendre, ne croit-on pas voir un de ces fiers Titans, qui entassoient Ossa sur Pélion ?

Epuisons cet article gigantesque. Il fallut plus d'un siècle, le règne de quatorze papes, et deux cents cinquante millions de notre monnoie, pour achever cette basilique. Le baldaquin du grand-autel, n'a pas moins de cent-vingt-deux pieds de hauteur, et surpasse, de plus de vingt pieds, le fronton du louvre : il est formé de deux cents mille livres de bronze, qu'on a arraché du péristile, et de la voûte du panthéon ; les quatre colonnes torses, qui soutiennent le grand-autel, ont été faites des seuls clous qui attachoient, dans le panthéon, la couverture du portique. Genseric, roi des Vandales, l'avoit dépouillé d'une porte de même métal ; et les Vandales, qui régnèrent depuis à Rome , n'ont pas rougi d'imiter ce barbare. Au reste, ils l'ont dégradé, sans pouvoir le détruire, ce monument si noble du beau génie des anciens ; et ils ont décoré le temple de saint Pierre, sans pouvoir lui rendre la solidité qui lui manque. Lézardé, même avant d'être fini, et fortifié, tous les ans, par des milliers de livres de fer, dont on le lie dans tous les sens ; on tremble, à Rome, qu'il ne soit menacé d'une ruine prochaine. L'ancien temple des dieux est là, pour braver son fastueux vainqueur, auquel il semble dire dans sa beauté mâle et robuste :

Quoi ! deux siècles, à peine écoulés sur ta tête ,
Ont ébranlé déjà tes frèles fondemens !
Les miens sont affermis du poids de deux mille ans.
Sur ces bords désolés ton Dieu fit ma conquête.
Je devins le tombeau de ses martyrs sanglans ;
Je reçus dans mon sein leurs tristes ossemens ;
J'en vis pâlir mes dieux. Bientôt mon front superbe
Fut dépouillé, pour toi , de tous ses ornemens.

Le temps amenera de nouveaux changemens ;
Mais tu seras alors enseveli sous l'herbe ;
Et j'aurai fatigué les destins et le temps.

Le corps de saint Pierre repose, dans une chapelle très-riche, immédiatement au-dessous du grand-autel. Plusieurs autres grottes, remplies de reliques, font, des vastes souterrains du temple, un labyrinthe inextricable. Les femmes n'y ont entrée que le jour de la pentecôte ; et ce jour-là même, elle est interdite aux hommes, sous peine d'encourir l'anathême, qu'une inscription foudroyante annonce aux transgresseurs de la loi. Je priai qu'on m'expliquât le motif de cette défense : j'appris que Rome moderne avoit eu son Clodius et sa Pompéia ; et que saint Pierre n'avoit pas été plus respecté que la bonne déesse. Ainsi la fable, qui a soumis tous les dieux au pouvoir de l'Amour, a dit une vérité de tous les pays, et de tous les temps.

LETTRE XXIV.

On se tromperoit, grossièrement, si l'on jugeoit des plaisirs que procure la tiare, par la manière leste dont Léon X la porta. De tous les martyrs de la grandeur, le pape est, sans contredit, le plus à plaindre. Aussi despote à Rome que le grand-seigneur à Constantinople, il n'en est pas moins assujetti, par sa qualité de saint, à la plus désespérante étiquette. A commencer par sa manière de représenter au temple, elle mettoit le sage Ganganelli au désespoir: en effet, le pape en est le dieu lui-même; et pour me servir d'un mot connu, il doit être pourvu d'un grand fonds de patience, pour supporter, sans mourir d'ennui, les adorations dont il est l'objet. Ajoutons, qu'entouré de cardinaux, il doit se dire : Voilà des gens, ici, qui aimeroient mieux être au conclave ; et cette pensée n'est pas faite pour égayer la cérémonie. Condamné, par la morgue pontificale, à manger seul, et jamais en public, toutes les douceurs de la vie sociale lui sont interdites. La plus jolie femme ne peut l'aborder qu'à genoux, quand même il voudroit être aux siens. Son titre de saint ne lui permet d'assister à aucun spectacle, à aucune fête publique. Sa promenade est d'aller aux prières, appellées *quarante heures*, avec un cocher et un postillon en rabat, précédé de la croix, et distribuant, à droite et à gauche, des bénédictions, qui opèrent, sur tout ce qui n'est pas romain, l'effet de la tête de Méduse ; car la loi ordonne de se précipiter à genoux, devant lui ; et les sbires, qui le précèdent, vous le rappellent brutalement. Mais le pire, sans doute, est le retour amer des réflexions. de sa sainteté. Il n'y a pas un point, sur le globe, qui ne lui coûte un soupir; elle voit ce qu'elle a perdu ; elle voit que ce qui lui reste à perdre, ne tient plus qu'à un fil. L'auteur des Lettres persannes a bien raison , doit s'écrier le pape , si toutefois un pape lit les Lettres persannes : *Je ne suis qu'une vieille idole , qu'on encense par habitude.*

Le hasard m'avoit fait débarquer à Naples, le jour du miracle de saint Janvier. J'arrivai à Rome, pour la présentation de la haquenée. Un peuple immense inondoit le temple, et jouissoit de la gloire de son souverain. J'eus , comme tous les fidèles , qui assistoient, à cette singulière cérémonie, le bonheur d'admirer la générosité du saint pontife. Du trône, où il étoit assis, il laissa tomber un regard de protection sur l'ambassadeur du roi de Naples , et daigna lui faire dire qu'il vouloit bien encore , mais pour une année seulement, laisser

à sa majesté sicilienne la couronne et les
états qu'elle tenoit de sa bonté. J'étois
à côté d'un des hommes les plus aimables, que j'aie rencontrés dans mes
voyages : que pensez-vous de cela, me
dit-il ? Je pense, lui répondis-je, que,
parmi les nombreux spectateurs de cette
indécente cérémonie, il n'y en a pas un
seul, peut-être, qui ait pensé, une seule
fois dans sa vie, à la bizarrerie des événemens qu'il falloit que la destinée accu-
mulât, pour faire entrer cette haquenée dans la basilique de saint Pierre.
Avouons, ajoutai-je, qu'il y a un peu
loin de cette haquenée à la monture
des apôtres ; du denier de saint Pierre,
à ce tribut du roi de Naples ; de l'oreille
de Malchus, à celles de tant de princes ;
enfin, de la couturière d'Orcas, à cette
belle comtesse Mathilde, dont le tombeau frappoit mes yeux, dans ce moment.
Le sarcophage de la comtesse Mathilde
est là, pour perpétuer le souvenir du

traitement odieux que Grégoire VII fit subir à l'empereur Henri IV ; et que ce prince méritoit, sans doute, puisqu'il eut la lâcheté de s'y soumettre. Il y est représenté aux pieds de ce pontife insolent, qui daigne enfin l'absoudre, après trois jours et trois nuits d'une pénitence si improbable, qu'on seroit tenté de la ranger dans la classe des mensonges historiques. Le froid étoit excessif; le malheureux empereur resta , dans la cour du château de Canosse, la tête et les pieds nus ; enveloppé d'un sac de laine, pour tout vêtement ; exposé aux injures de l'air , et aux insultes de la canaille ; tandis que sa sainteté se tenoit bien chaudement, auprès de la comtesse Mathilde.

De ce pape fameux, dont elle fut l'appui,
Etoit-elle à la fois pénitente et maîtresse?
Alloit-elle, à ses pieds, recevoir à confesse
Le pardon des péclés faits la veille avec lui ?
    J'ai vu ce mélange bizarre ;

Des foiblesses du cœur je connois l'union :
Souvent l'amour s'allie à la dévotion ;
Mais alors on n'est point barbare ;
Mais , entre une amante et le ciel,
Toute haine s'éteint ; l'ame n'a plus de fiel.
Oui , dans les bras de ma maîtresse,
Si je suis peu dévot, du moins je suis meilleur ;
L'indulgente vertu parle mieux à mon cœur ;
Et je voudrois , dans mon ivresse,
Voir mon ennemi même heureux de mon bonheur.

Ceux qui ont écrit que Grégoire VII avoit été l'amant de Mathilde, ont donc calomnié l'amour ; mais, peut-être, ne calomnieroit-il pas le cœur humain, celui qui diroit que ce pape , dont on connoît l'orgueil, en avoit d'autant plus, sans doute, qu'il étoit fils d'un charpentier de Sloane.

Risquerions - nous une autre conjecture ? Presque tous les papes parviennent, très-âgés, à cette suprême dignité. Trouverions-nous, dans la triste insensibilité de la vieillesse , la raison d'un
abus

abus épouvantable, qui a subsisté, dans leurs États, jusqu'au philosophe Ganga-nelli ? Aucun d'eux, jusqu'à lui, n'ima-gina d'abolir l'usage de cette opération cruelle, qui consiste à séparer l'homme de lui-même, pour la perfection du plus vain des talens. J'assistai à la messe du pape, le jour de Saint-Pierre. L'Asiatique, le plus accoutumé au faste et à la magni-ficence orientale, seroit étonné de la pompe de cette cérémonie; et le pêcheur Céphas auroit lieu de l'être encore da-vantage. Mais j'avoue que les cinquante voix grêles et aiguës, qui composent la musique du pape, me gâtèrent toute cette fête; elles me gâtèrent encore da-vantage le bel opéra de l'*Artaxerce* de Métastase; et je m'en pris à l'infortuné *Soprano*, qui avoit joué le rôle de Man-dane. J'eus le malheur de lui faire je ne sais quelle plaisanterie, que je me repro-che encore : je fus assez Français, pour m'oublier à ce point; et assez puni, pour

Tome I.　　　　　　　　　　R

qu'on ne me répondît, que par une peinture ingénue de cet état funeste ;

> Où le plus pressant des desirs
> Devient une torture affreuse ,
> Par l'impuissance douloureuse
> De remplir le vœu des plaisirs ;
> Où de la volupté charmante
> Le fer a détruit les effets ;
> Tandis que la cause , à jamais,
> Suit la victime et la tourmente ;
> Où l'homme privé de ressort,
> Et de vigueur , et d'énergie ,
> Va , traînant sa funéste vie ,
> Dans le silence de la mort.

On voit de tout en Italie. J'ai connu
à Rome, une très-jolie femme, qui avoit
une intrigue publique avec un de ces
êtres infortunés. Voilà bien , direz-vous,
sans doute , une preuve que la méta-
physique de l'amour n'est pas une chi-
mère. Point du tout. On ne sauroit être
plus loin, de ce qu'on appelle le sentiment pur. Mais, madame , lui disois-je

un jour, (et vous penserez bien qu'elle
m'avoit autorisé à lui faire cette étrange
question) daignez donc m'expliquer la
bizarrerie de votre choix. J'avois toujours cru que l'amour n'étoit, en dernière
analyse, que l'union des sexes ; et qu'il
lui restoit toujours quelque chose à
desirer, tant que les sens n'étoient pas
satisfaits. . . . Les sens , s'écria-t-elle
avec une sorte d'emphase ; les sens ! que
n'en ai-je mille ! je les emploierois tous
à la fois pour le consoler, de ce qu'il
croit avoir perdu. *O bel idol mio !* que
m'importeroit ce qui te manque, si je
pouvois te convaincre qu'il ne te manque
rien ? que m'importeroit ce que tu n'es
pas, si ce que tu m'es pouvoit te suffire
comme à moi ? et puis, des détails, que
je vous épargne ; des détails , que tout
le délire de l'amour ne pourroit justifier.
Espérons que le gout de cette femme
ne prendra point en France, et que,
pour y plaire au beau sexe , nous ne

serons point obligés de nous séparer du nôtre. Les Romains disent, de leur côté, que le sort de Tantale ne plairoit point du tout aux dames romaines ; et que, là, comme ici, c'est tout bonnement l'homme qu'elles cherchent dans l'homme. C'est un des trois ou quatre points, sur lequel, à quelques prudes près, il me semble qu'on est assez généralement d'accord. On a disputé ; on dispute ; et on disputera sur tout le reste.

LETTRE XXV.

Tous les corps sont respectables ; et je suis bien éloigné d'inculper le corps entier de l'académie des arcades dans ce que j'ai à vous dire. Voici le fait. On m'annonça, un matin, une députation de cette académie. Elle étoit chargée d'instruire mon *excellence*, que le bruit que faisoient dans le monde mon goût et mes talens pour les belles - lettres, s'étoit répandu jusque dans les vallées d'Arcadie, où l'on m'avoit, en conséquence, assigné une des premières places. On me présenta, en même temps, une grande et belle pancarte ; et mon laquais de place me dit, à l'oreille, que j'en serois quitte pour deux ou trois séquins, qui feroient tous les frais de remerciement. Je ne doutai pas un instant que ce ne

fût une petite filouterie, à laquelle il
participoit; et comme il vit, à mon air,
que j'allois envoyer paître les bergers
d'Arcadie, il me tira bien vîte à l'écart;
m'expliqua le fait; et alors, je ne doutai
plus que ces messieurs ne fussent dans
l'usage de tirer cette petite contribution,
des étrangers d'une certaine classe. Quelle
horreur! quel état d'abjection, pour
l'honorable profession des lettres! à quel
degré d'opprobre est donc descendue la
patrie du *Bramante*, de *Michel - Ange*,
de *Raphaël*, du *Tasse*, de l'*Arioste*,
du *Dante*, de *Gallilée*, de *Torricelli*,
et de tant d'autres illustres personnages!
Le marquis *Maffei* est mort. Le comte
Algarotti n'est plus. Le célèbre *Goldoni*
y mouroit de faim. *Metastase* en sortit,
comme autrefois Scipion de Rome, en
disant: Ingrate patrie, je ne veux pas
même que ma cendre repose dans ton
sein. La peinture et la sculpture ne sont
guère cultivées à Rome, que par les élèves

français, qui y sont entretenus aux dépens du roi. Enfin, les compositeurs italiens perdent insensiblement de vue le véritable objet de la musique, qui est de peindre et d'émouvoir ; et la musique italienne, cette musique qui nous a transportés, si souvent, n'est, pour la plupart d'entr'eux, que l'art de multiplier de grandes difficultés.

J'avois entendu les *Castrati* de Rome. Il me restoit à connoître son Bossuet, son Bourdaloue, et son Massillon ; et l'on me proposa d'entendre ces trois orateurs ensemble, dans la personne d'un certain père *Athanase*, qui devoit prononcer, je ne sais quel panégyrique de saint. Voyons donc, répondis-je, si l'orateur de Rome me dédommagera des sonnets, et des *concetti* de son académie.

J'accourus; et déjà le moderne Athanase,
Qui se croyoit au moins aussi grand que son nom,
De son ordre enfroqué célébroit le patron ;
Ne disoit pas un mot qui ne sentît l'emphase ;

R 4

Et pour louer son saint, injurioit Zénon.
L'auditoire enchanté l'écoutoit en extase ;
Et moi, jeune, et peut-être indiscret, dira-t-on,
Je m'amusai, d'un trait d'imagination ;
Et tandis que mon moine, absurde fanatique,
Outrageoit, sans pudeur, la sagesse stoïque ;
J'évoquai devant lui le spectre de Caton.
Toi, parler de Zénon, lui cria ce grand homme !
Tais-toi, digne orateur d'un peuple d'ignorans.
Je laissai Rome aux fers ; mais j'apperçois, dans Rome,
Des maux plus dangereux que les fers des tyrans.
Voilà donc les neveux des vainqueurs de Pharsale ?
Que de masques divers dans ce lieu rassemblés !
Quelle soudaine horreur les a tous aveuglés !
Veulent-ils épuiser ce vase d'eau lustrale ?
Ils me prennent, sans doute, en leurs cerveaux troublés,
Pour quelque noir démon de la rive infernale.
Que font-ils, dans leurs doigts, de ces grains enfilés ?
Que demandent-ils tous, le front dans la poussière ?
Contre Caton, sans doute, ils implorent leurs dieux.
Ah ! levez-vous, troupeau de superstitieux.
De l'éternelle nuit j'ai franchi la barrière.
J'avois quitté pour vous l'asyle de la mort ;
J'y rentre en gémissant. Je vois quel est le sort
De cette Rome, hélas ! à Caton toujours chère.
Un vil déclamateur ose insulter Zénon,

Et vous applaudissez ! ô dieux de ma patrie !
Je ne pus supporter de la voir asservie :
Mais de quels traits nouveaux vous déchirez Caton !
Falloit-il la revoir, pour la voir avilie ?

Il étoit six heures, quand le temps qui met fin à tout, termina mon ennui, et me délivra du moine et de son panégyrique. Tous les dédommagemens ensemble m'attendoient au sortir de l'église. Une petite pluie douce avoit changé l'atmosphère. A la fin de juillet, l'air étoit aussi frais, aussi pur, que dans un de nos beaux jours de France, au mois de mai. C'étoit un vrai phénomène, sous cette latitude brûlante, et dans une saison, où le ciel est constamment d'airain. Aussi trouvai-je toute la ville en mouvement, pour jouir du charme de cette soirée. Parmi la foule, qui remplissoit les rues, je rencontrai le *Lucullus* de Rome moderne, le vieux prince de * * *, qui se promenoit dans une calèche, à huit places. Il en restoit une, à remplir, qu'il m'offrit; et qu'un coup-d'œil, jeté rapidement dans la voiture, me fit accepter, avec joie. Je venois d'étouffer, entre deux vieilles dévotes, à une rapsodie de moines; et l'on me proposoit de respirer, à côté de la plus jolie femme de Rome; en face de la plus belle. C'étoit le cas de passer de l'austé-rité de Caton à la galanterie d'Ovide; mais il est plus aisé de dire des choses vraies, que des choses fines, et des vérités dures, que des vérités aimables. Nous sortîmes de la ville, et nous mîmes pied à terre dans un vallon, où le législateur des Romains,

Numa, croyant avoir besoin
D'une pieuse tromperie,
Tous les jours, sans bruit, sans témoin,
Alloit consulter *Egérie*;
Et des mains de la déité,
Aujourd'hui changée en fontaine,
Feignoit de recevoir la chaîne,
Qu'il portoit au peuple hébété.

Ainsi Lycurgue, dans la Grèce,
Ainsi Minos, chez les Crétois,
Ainsi tant de faiseurs de loix,
Ont, tour-à-tour, et tant de fois,
Abusé notre pauvre espèce.

Nous avions avec nous un homme trop aimable dans la société, pour qu'on pût se douter qu'il en fût un des plus savans. Jamais peut-être on ne cacha, sous tant de fleurs, une plus grande abondance, une plus grande variété de fruits. Je le savois ; et comme il m'arrivoit très-rarement de laisser échapper une occasion de m'instruire, je hasardai une question, relative au lieu de la scène : il y répondit de ce ton brillant et léger, qui convenoit à la circonstance ; et trouva le moyen de faire une plaisanterie charmante d'un prodige, opéré par Numa. L'auteur des mondes ne badinoit pas plus ingénieusement ; mais comme je n'imiterois pas Fontenelle avec autant de bonheur, j'ouvre tout bonnement l'histoire des antiquités romaines, par Denis d'Halicarnasse ; j'y vois que de graves personnages de Rome, allèrent un matin visiter Numa ; qu'ils le trouvèrent établi dans une maison, remarquable par son extrême simplicité, dépourvue de tout ce qui étoit nécessaire pour donner une fête ; et que ce jour-là même, Numa les ayant invités à dîner, ils furent étrangement surpris ; un palais magnifique avoit pris la place de cette maison si modeste ; des meubles somptueux y brilloient de toutes parts ; et le repas le plus splendide y fut servi, sur des tables, couvertes de vases d'un prix inestimable. En fait de miracles, dit le prince de ***, comme ils ne coûtent pas plus à l'imagination qui les enfante, qu'à la crédulité qui les reçoit, je suis toujours pour le plus difficile ; et je préfère en conséquence, au récit de Denis d'Halicarnasse, celui du bon Plutarque, qui dit affirmativement, si je ne me trompe, que le changement qui se fit dans la maison de Numa, s'opéra dans l'instant même, en présence des conviés. Il ajouta : Quoique les miracles ne soient plus de mode, il me passe par la tête d'en faire un, à l'instant même. Vous pardonnerez, mesdames, cette petite fantaisie à un pauvre vieillard qui, depuis long-temps, est condamné à n'en avoir point de plus aimable. Il fit ici une légère pause, comme pour se recueillir un moment. Les Romains, continua-t-il, crurent dans le temps que la nymphe *Egérie*, inconsolable de la mort de Numa, avoit obtenu, de la pitié de Diane, d'être changée en fontaine. Les anciens ne savoient donc pas que le plus grand des miracles seroit une femme inconsolable. Ils avoient donc oublié leur statue, *au temps consolateur*. Et les modernes apprendront, avec étonnement, que cette jeune immortelle respire encore dans ces lieux. Ils sauront, qu'après avoir semé de fleurs la vieillesse de Numa, elle a, pour la mienne, des complaisances, dont certainement la plus complaisante des *Fgéries* de ce siècle ne seroit pas capable. Alors il se tourna, vers la grotte, d'où il avoit trouvé le moyen de nous écarter, sans affectation. Nos yeux s'y portèrent en même temps ; et nous ne fûmes pas moins étonnés que les convives de Numa. Cette grotte, que nous venions de voir dans l'état le plus agreste, se trouva tout-à-coup tapissée de feuillages, ornée de guirlandes, garnie de bancs de mousse, et remplie de fruits, de glaces, de rafraîchissemens de toute espèce. Une jolie naïade, sortie tout-à-coup d'une touffe de vigne sauvage, et qui, comme vous l'imaginez bien, ne pouvoit être qu'*Egérie*, elle-même, nous fit avec beaucoup de graces, les honneurs de la grotte et de la fontaine. Une musique délicieuse se fit entendre derrière le feuillage. Enfin, ce joli inpromptu eut l'air de l'enchantement ; et si le Lucullus de l'ancienne Rome avoit plus de magnificence, je doute qu'il eût autant d'esprit et de goût.

LETTRE XXVI.

LE Parisien croit qu'on ne peut vivre qu'à Paris ; et le Romain, qu'on ne peut vivre qu'à Rome : c'est le préjugé de tous les peuples en faveur de leurs capitales. Ils ne savent pas ce que les capitales coûtent aux empires ; ils ne savent pas qu'ils sont détruits par elles ; et qu'elles n'offrent de vains plaisirs à quelques générations de riches oisifs, qu'aux dépens des générations futures. Les Romains auroient raison, s'ils se contentoient de dire que la ville, dans laquelle on garde les clefs du paradis, est elle-même le paradis de l'amour. Vivre et aimer, aimer et jouir, y sont des synonymes. Cette délicatesse d'organes, cette finesse du sens moral, cette extrême sensibilité commune à tous les peuples méridionaux; la forme du gouvernement de Rome moderne; l'oisiveté à laquelle on y est condamné; la chaleur excessive du climat; le moral et le physique; tout concourt à y donner à l'amour une force, à laquelle rien n'est comparable.

Tandis qu'il est frivole en France,
Farouche et sombre chez l'Anglais;
Que le Batave, en ses marais,
Occupé de son opulence,
Est insenble à ses attraits;
Que, de la pointe de ses traits,
Il touche à peine le Bulgare
Et le Sarmate, et le Tartare,
Et le Germain, dans ses forèts;
Du haut des murs du capitole,
Il lance des feux dévorans;
Et le siége des vrais croyans,
Cette fameuse métropole,

Est

Est encor celle des amans.

C'est là, c'est en plein consistoire,

C'est au conclave que les jeux,

Chargés, dans l'empire amoureux,

Du soin d'écrire son histoire,

Dans l'historiette du jour,

Trouvent toujours quelque victoire

A joindre aux fastes de l'amour.

Tantôt au sortir de confesse,

Paré des fleurs de la jeunesse,

Il saute les murs d'un couvent;

Il va de la jeune professe,

Quelquefois même de l'abbesse,

Adoucir le tendre tourment.

Tantôt, coëffé d'une barrette,

Il reçoit un coup d'éventail;

Souvent, affublé d'un camail,

Il chiffonne une collerete.

Il faisoit bien mieux, autrefois,

Quand la tiare, plus légère,

De Léon dix et de Paul trois

Décoroit le front moins sévère;

Mais, las ! tout se plaint, à la fois,

Que la tiare dégénère.

Ces vers peuvent n'être pas bons ;
mais ils peignent des mœurs vraies. On

ne fait pas la moindre course, dans Rome, sans être frappé de quelques-uns des traits, qui composent ce petit tableau. Jusque dans les églises, on se croit transporté à Thespis, où *Phriné* consacra le cupidon qu'elle avoit reçu de *Praxitelles*. On ne me laissa point ignorer que dans le temple de saint Pierre, une statue de la vérité, nue, comme la vérité doit l'être, avoit réalisé ce que la fable nous a dit des amours de Pygmalion, pour un morceau de marbre. Cette statue du Bernin, produisit même un égarement plus criminel, dans l'ardent espagnol, qui se passionna pour elle. Pygmalion attendit du moins, pour satisfaire ses desirs insensés, que Vénus en eût animé l'objet ; et l'espagnol n'attendit pas. Que dirai-je d'une sainte Thérèse que le même sculpteur a représentée, dans une extase d'amour? Elle est couchée, sur un lit de repos, dans l'attitude la plus voluptueuse. Le feu du desir étin-

celle dans ses yeux. Sa bouche est entr'ou-
verte. Son cœur semble voler au-devant
du trait, dont la menace une petite figure
céleste, de la physionomie la plus pi-
quante, qui tient une flèche, d'une
main, et, de l'autre, découvre la gorge
de la sainte. Cette fidelle représentation
de l'Amour et de Psyché, digne du temple
de Gnide, se trouve dans une église des
carmes ; et c'est devant elle que ces révé-
rends pères ont éprouvé qu'il étoit bon
d'envoyer méditer leurs pénitentes.

Il paroît singulier, au premier coup-
d'œil, qu'une ville, où l'amour règne
avec tant d'empire, soit précisément la
ville du monde la moins peuplée. Mais
l'expérience a prouvé que la galanterie
et le libertinage ne s'établissoient jamais
qu'aux dépens des races futures. Il est
d'autres causes de la dépopulation jour-
nalière de Rome, dont j'indiquerai les
principales.

La balance de l'Europe passa dans

la main des Anglois, le jour même qu'ils fermèrent les asyles de la paresse; et on les a multipliés à Rome. On n'y compte pas moins de cent-cinquante couvens, dont un seul, celui d'*Aracœli*, contient quatre cents cordeliers. Ce sont les montagnards de l'Abruzze qui font, dans la campagne de Rome, les ouvrages, dont s'honoroient les héros de l'ancienne Rome; mais les Romains d'aujourd'hui sont des héros d'une autre espèce; et si on leur disoit qu'il y a une vaste contrée, où le plus riche et le plus grand empereur du monde ouvre, tous les ans, le premier sillon, ils ne pourroient le croire, eux qui croient tant de choses. Une loi de 1655 a fixé le prix du bled, qu'on ne peut vendre qu'à la chambre apostolique. Il résulte de cette loi, digne de l'hôpital des fous, que le paysan ne sème que pour ne pas mourir de faim. Les anciens Romains n'avoient que six vestales pour entretenir le feu sacré;

encore pouvoient-elles se marier, après quelques années d'exercice ; et dans Rome moderne, le célibat est la vertu par excellence. Dans les besoins d'état, il étoit permis d'ôter à la *Pallas* d'Athènes son habillement d'or ; les *Pallas* de Rome sont écrasées, sous le poids des diamans ; et s'il n'en falloit qu'un seul, pour sauver les Romains, ils périroient tous, jusqu'au dernier. Le luxe de la superstition étoit proscrit, chez les anciens, dont les plus sages ne sacrifièrent aux dieux que de la farine, du miel, des fruits, des herbes odoriférantes ; et le luxe des églises de Rome semble insulter à la misère du peuple, qui les fréquente. Enfin il n'y avoit chez les païens qu'un très-petit nombre de fêtes, qui interrompissent les travaux du peuple ; et on compte à Rome plus d'un tiers de l'année consacré à une oisiveté nécessaire.

On pourroit, je crois, calculer le

terme d'une semblable constitution politique, avec plus de certitude et de précision, que l'abbé de Saint-Pierre ne
calcula l'époque, où, selon lui, le ma-
hométisme n'aura plus de sectateurs. Il
est évident que Rome ne doit sa foible
existence qu'à l'intérêt que croient
avoir, encore, quelques grandes puissances, à soutenir cet état contre lui-
même. Le temps s'approche, où ces
petites considérations feront place à des
considérations plus importantes : alors
on verra rentrer, dans le néant des
choses humaines, ce colosse *à la tête
d'or, et aux pieds d'argille* ; et ceux qui
n'auront pas assez réfléchi sur la force
de l'opinion, et sur la foiblesse de l'esprit
humain, seront seuls étonnés de sa longue
durée, dans le systême politique.

Quelle est donc l'idée qu'il faut se
former de cette ville, qui, après avoir
commandé au monde, par les armes,
règne encore, sur une partie du monde,
par l'opinion ?

Rome est votre patrie, élèves des beaux-arts.

    C'est sur ces rives immortelles

Que vous devez long-temps arrêter vos regards.

Phidias, on le sait, fut grand sans Praxitèles ;

Mais le génie est rare ; et le goût le plus fin

Peut s'épurer encore auprès des grands modèles ;

Apprend à voir Zeuxis, avec les yeux d'Apelles,

    Et Michel-Ange, avec ceux du Bernin.

Et toi, qui vas traînant une inutile vie,

    Dans les langueurs, qu'enfantent les plaisirs ;

Tu trouveras ici l'objet de tes desirs :

Rome du Sibarite est encor la patrie.

Mais vous, qui ressentez de plus nobles besoins,

    Vous, qui ne bornez pas vos soins,

A visiter un temple, à voir une statue ;

Amis du genre humain, allez chercher ailleurs

Les loix, la liberté, l'industrie et les mœurs,

Grands et dignes objets, dont votre ame est émue.

    Du héros et du citoyen

Rome, depuis long-temps, cessa d'être l'exemple.

Rome vit de nos torts ; nos maux font tout son bien,

Ses nobles monumens, ses palais, son beau temple,

Seront du dieu du goût l'éternel entretien ;

    Mais si le sage le contemple,

Le prestige est détruit, et Rome n'est plus rien.

Au reste, cette Rome, où l'on a dit que les statues formoient un grand peuple, et qui, bientôt, n'en renfermera pas d'autre; cette Rome, où tout semble arrangé par la démence; où il sort un gueux de chaque pavé; où le filet d'or, qui circule dans ses veines épuisées tariroit, tout-à-coup, si les voyageurs cessoient de l'entretenir; où les arts languissent, au milieu des chefs-d'œuvre de tous les arts; où les étoffes et les toiles les plus grossières se tirent de l'étranger; où, porter une chemise, est un luxe parmi le peuple; en changer tous les jours, un excès de luxe, dans ce qui n'est pas peuple; où le plus grand commerce est celui des cierges; où la maxime, que le clergé doit contribuer aux charges de l'état, est regardée comme impie; où la congrégation de l'index compte plus de vingt mille ouvrages proscrits sur ses tables de mort; où la multiplicité des franchises s'oppose à

tout réglement de police ; enfin, et pour
tout dire en un seul mot, cette Rome,
où l'esprit de l'homme est étouffé, sous
le poids des préjugés ; qui le croiroit ?
on y découvre encore quelques germes
de l'ancienne Rome : le peuple s'y pas-
sionne avec fureur dans l'attente d'une
course de chevaux, d'un spectacle, d'une
fête publique ; et rappelle, à tout moment,
au voyageur instruit et réfléchi le génie
ardent et sensible de ce peuple célebre,
sur lequel la vue du corps de Lucrèce,
du débiteur couvert de plaies, de Vir-
ginie expirante, et de la robe ensanglantée de César, faisoit une impression
si vive.

J'ai besoin de me rappeller ici que
cette foible esquisse de Rome, tracée
uniquement pour vous, ne sortira jamais
de votre porte-feuille. On se permet,
au sein de la confiance et de l'amitié,
des traits qu'on ne risqueroit pas, au
tribunal respectable du public. Il ne suffit

pas d'avoir raison : c'est un tort qu'il faut se faire pardonner, à force d'adresse et de grace. Si je destinois ces lettres à l'impression, je dirois aux Romains, et je leur dirois avec vérité : Vous avez des défauts, inséparables du plus mauvais des gouvernemens ; l'intolérance et le népotisme ont exilé de chez vous les sciences, la philosophie et la liberté. Mais quel peuple offre plus d'aménité dans ce commerce de devoirs qui composent la vie civile ? où la société est-elle plus douce et plus honnête ? qui oseroit se flatter de l'emporter sur vous, en esprit & en agrément ? Vous ressemblez à ces terres, heureusement fécondes, propres à toutes sortes de fruits ; et qui indiquent, par la fraîcheur et la vivacité de leurs productions naturelles, qu'elles n'attendent que les soins d'un sage cultivateur, pour en donner de plus utiles.

Observons, en prenant congé du

Romain moderne, qu'il m'a offert un véritable sujet d'étonnement, dans le contraste de son maintien froid et grave en public, avec tout ce que la folie a de vif et de piquant, quand il croit pouvoir donner un libre essor à sa gaieté. Il faut le voir, accompagnant d'une pantomime originale les facéties continuelles, dont il anime la conversation. En voici une, qui a été recueillie par un voyageur philosophe; ou, pour mieux dire, voici la lettre d'un de ses contes; car la meilleure traduction n'en peut conserver l'esprit; et le sel qu'ils ont, dans une bouche romaine, s'évapore nécessairement sur le papier :

« Dans le combat de saint Michel
» avec le diable, cet archange s'apper-
» cevant du désavantage et de l'inuti-
» lité de sa lance, remonta au ciel; et
» s'armant d'un foudre, le lança sur
» Lucifer, dont le corps vola en éclats.
» Ses jambes tombèrent en France : de-là

» cette pétulance des Français , leur
» fureur pour les courses et pour les
» voyages , et la difficulté de les fixer.
» L'Espagne reçut la tête de Lucifer :
» de-là cette fierté méprisante, qui ca-
» ractérise ses habitans. La main , avec
» laquelle il escamotoit , tomba sur
» Naples..... Les Allemands recueil-
» lirent son estomac : enfin, les parties
» de son corps, les moins honnêtes,
» tombèrent à Rome ; *è per questo*,
» ajoutent-ils, *tutti noi Romani siamo*
» *cogl*... »

Fin du Tome premier.

www.ingramcontent.com/pod-product-compliance
Lightning Source LLC
LaVergne TN
LVHW012003170726
843503LV00001B/218